2023 年度广西高校中青年教师科研基础能力提升项目（项目编号：2023KY0777）
2021 年旅游管理专业硕士点建设项目子项目（项目编号：LYSDZZ2021001）

中越边境县域旅游竞争力评价研究

蒋露娟◎著

湘潭大学出版社
XIANGTAN UNIVERSITY PRESS

前　言

边境地区是国家经济、政治、文化的边缘地带，边境地区的经济发展、政治稳定、环境安全关乎国家的战略利益。一直以来，我国高度重视并支持边境地区的旅游发展。县域是中国基层单元行政区，是行政体系的重要一环，边境县域是旅游经济发展的“主力战场”，县域旅游竞争力的强弱已经成为衡量一个地区是否具有现实的和潜在的旅游竞争优势的重要标志。只有县域旅游得到充分发展，区域旅游才会形成有力的支撑体系，旅游业在国民经济中的地位和作用才能凸显。

本书在借鉴国内外研究成果的基础上，吸收了其他相关学科的理论方法，构建了中越县域旅游竞争力的评价体系，客观、科学地评价了中越边境15县（市、区）的旅游竞争力情况，并结合竞争力排名情况对15县（市、区）做出等级分类，最终提出各等级县域旅游竞争力提升策略以及中越边境县域旅游整体竞争力提升策略，以期使中越边境县域在竞争中形成合力，有效促进中越边境旅游发展，树立中越边境旅游发展品牌。

尽管作者开展了多次调研，收集了较为丰富的资料，由于受到研究时间、研究能力和资源环境等因素的制约，本书在研究上仍然不够全面和深入。不足之处，敬请读者批评指正！

目　录

第一章 绪 论

第一节 研究背景

一、边境旅游是国家发展战略的重要内容

边境地区是国家经济、政治、文化的边缘地带，边境地区的经济发展、政治稳定、环境安全都关乎国家的战略利益。一直以来，我国高度重视并支持边境地区的发展。2013年，中共十八届三中全会在《中共中央关于全面深化改革若干重大问题的决定》中提出："加快沿边开放步伐，允许沿边重点口岸、边境城市、经济合作区在人员往来、加工物流、旅游等方面实行特殊方式和政策。"同年，国家主席习近平提出建设"一带一路"（即"新丝绸之路经济带"和"21世纪海上丝绸之路"）的构想。2015年，《国务院关于支持沿边重点地区开发开放若干政策措施的意见》指出，为增进我国和毗邻国家的经济合作与文化交流，要大力推进我国边境城市及国家级口岸的开发开放，设立"跨境经济合作区"和"边境经济合作区"。2017年，党的十九大报告提出，要加大力度支持边疆地区发展，强化举措推进西部大开发形成新格局，确保边疆巩固、边疆安全。2022年，党的二十大报告提出，要加强边疆地区建设，推进兴边富民，稳边固边。

边境旅游作为促进边境发展的重要支撑，有助于全方位开放新格局的形成和巩固，能够促进区域经济文化的协调发展，对于构筑我国和谐稳定的周边环境具有重大战略意义。我国边境旅游已经有30多年的发展历史。1985年，辽宁丹东开展的中朝边境旅游是我国边境旅游发展的起点。1993年，国家旅游局下发了《关于同意云南开展中越、中缅边境旅游活动的复函》，为稳步做强做大云南和广西地区连接东南亚国家的边境旅游提供了有

力的政策支持。2018年4月16日，文化和旅游部发布了《文化和旅游部等10部门关于印发内蒙古满洲里、广西防城港边境旅游试验区建设实施方案的通知》，经由国务院同意设立内蒙古满洲里、广西防城港边境旅游试验区。在边境旅游的稳步发展以及开放新格局背景下，将边境旅游作为区域旅游的重大支撑，引领全域旅游的经济新常态。通过强化政策的制定和执行，以及不断结合具体实际进行制度创新，推进沿边重点地区的旅游持续发展，打造国际性的边境旅游目的地，以边境旅游为契机实现兴边富民和乡村振兴，确保通过旅游的发展有效带动沿边地区群众脱贫致富，进一步全面发展边境文化旅游产业。系列政策措施为边境旅游发展提供了重要平台，也充分说明边境旅游已成为国家发展战略的重要内容。

二、县域旅游在区域旅游发展中发挥着重要作用

县域是中国基层单元行政区，是行政体系的重要一环。我国是个农业大国，绝大部分人口在县域，县域是旅游经济发展的“主力战场”。在新常态下，大力推进现代旅游业发展，重点和着力点都在县域。县域旅游对促进对外交流、提升区域形象、改善产业结构、增强县域活力、带动农民致富、平衡区域差异都有巨大的推动作用。县域旅游竞争力的强弱已经成为衡量一个地区是否具有现实的和潜在的旅游竞争优势的重要标志。只有县域旅游得到充分发展，区域旅游才会形成有力的支撑体系，旅游业在国民经济中的地位和作用才能凸显。2020年11月12日竞争力智库、中国经济导报社、中国信息协会信息化发展研究院和北京中新城市规划设计研究院等机构联合发布的《中国县域旅游竞争力报告2020》显示，2019年，中国旅游百强县平均实现旅游总收入214.14亿元，平均接待游客1919万人次，旅游总收入与县域地区生产总值之比平均为92.1%，旅游业的主导地位进一步增强。

为提高县域旅游发展水平，促进区域旅游发展，国家出台了多项意见和政策。2005年，国家旅游局决定积极推动县域旅游经济的发展，颁布实施了《创建旅游强县工作指导意见》。2007年，全国旅游工作会议启动旅游强县创建试点工作，出台了《关于启动中国旅游强县创建试点工作的通知》并颁

布《中国旅游强县创建试点名单》和《中国旅游强县标准(试行)》,积极探索县域旅游经济发展模式,建设一批旅游强县,打造县域旅游品牌。2010年,农业部、国家旅游局出台《关于开展全国休闲农业与乡村旅游示范县和全国休闲农业示范点创建活动意见》,提出从2010年起,利用3年时间,培育100个全国休闲农业与乡村旅游示范县和300个全国休闲农业示范点。示范县主要起到探索休闲农业与乡村旅游发展规律、引领全国休闲农业与乡村旅游持续健康发展的作用。2015年,全国旅游工作会议提出,深入推进旅游综合改革,建设一批国家级旅游综合改革试点市县。2017年,党的十九大作出了实施乡村振兴战略的重大决策部署,提出以推动全域旅游发展为主线,以推进旅游治理规范化、旅游发展全域化、旅游供给品质化、旅游参与全民化、旅游效应最大化为原则,加快推进旅游供给侧结构性改革。2022年,党的二十大报告提出,要推进以县城为重要载体的城镇化建设。根据二十大报告精神,要以县域为基本单元推进城乡融合发展,重视县城在城市与乡村之间的连接作用,加强县城的基础设施建设,完善县城的公共服务体系,增强县城的辐射带动作用。随着全域旅游时代到来,大力推进县域旅游供给侧结构性改革,引导社会资本加大向县域投入,切实提升县域旅游资源开发水平,提升县域旅游服务品质,提升县域旅游品牌影响力,已经成为今后一个时期区域旅游发展的重要目标。

三、中越边境地区旅游总体发展水平不高,各县旅游发展差异大

中越两国山水相连,陆地边界线长1347公里。与越南交界的广西和云南共有15个县(市、区)(其中市为县级市,区为市辖区)处于边界线上。由于中越边境地区为少数民族地区,受地理位置和自然环境等因素的影响,经济社会发展相对落后,与非边境地区相比,旅游发展面临着资本投入短缺、基础设施薄弱、本地居民消费能力偏低、市场营销不足、服务水平滞后等短板,旅游总体发展水平不高。具体到中越边境各县,旅游发展水平也参差不齐。2019年,中越边境15县(市、区)旅游收入及游客接待量如图1-1所示。

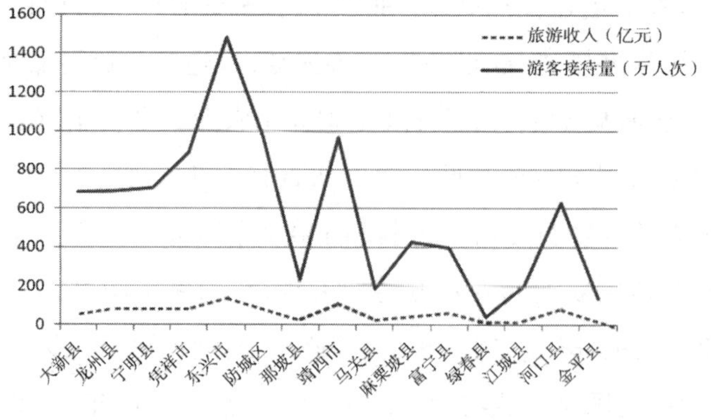

图1–1 2019年中越边境15县(市、区)旅游收入及游客接待量

数据来源:各县(市、区)2019年国民经济与社会发展统计公报。

随着沿边开放城市和边境经济合作区的设立以及边境口岸的相继开放,边境地区旅游发展呈现出良好的势头。作为边境旅游基本构成单元的县域旅游如何在竞争中通过认识自身竞争力、把握政策机遇、相互借鉴经验、有效提升竞争力、形成区域发展活力,需要进行全面、系统、深入的科学研究。

第二节 研究意义

一、理论意义

1.丰富边境旅游研究内容

随着全球旅游业的快速发展和区域经济一体化程度的不断提高,边境地区已成为许多国家旅游业发展的重要区域。边境旅游作为边境地区发展的重要支撑产业,其发展对边境地区经济、社会、文化等具有综合影响效应。如今边境旅游日益成熟,成为一种独具特色的旅游形式,同时也成为提高民族文化软实力的重要渠道,是边境地区经济发展的新的增长点,是业界及学界关注和研究的焦点。当前,学者们对边境旅游的研究多集中在边境旅游的发展历程、边境旅游发展影响因素、边境旅游发展驱动机制、边境旅游合作等方面,研究内容较为宏观,研究方法以定性分析为主,缺乏系统、深入的定量研究。本书选取中越边境的15县(市、区)为研究对象,采用定量分析的方法对15县(市、区)的旅游竞争力进行研究,丰富了边境旅游的研究内容,使边境旅游的研究更为具体深入。

2. 完善县域旅游竞争力理论研究体系

区域旅游竞争力问题自20世纪80年代以来,一直备受国内外旅游学者的关注。国内的相关研究多关注中东部发达地区的区域旅游竞争力,对西部发展中地区的关注较少。近几年,学界开始关注区域旅游中的县域旅游竞争力问题,在县域旅游竞争力评价方面究取得了一定进展,但相关理论研究还相对滞后,尚未建立统一的评价指标体系,且研究的多为经济发展较好地区的县域,对边境地区县域的研究较少,县域旅游产业竞争力的培养和提升需要深厚的理论指导。本书在对县域旅游和县域旅游竞争力进行界定的基础上,构建边境县域旅游竞争力评价体系,采用科学的分析方法进行分析评价,最终提出边境县域旅游的发展策略,有利于完善县域旅游竞争力理论研究体系,为边境县域旅游实践活动的开展奠定理论基础。

二、实践意义

1. 有利于提升中越边境各县旅游竞争力

边境县域由于其特殊的地理位置,在旅游发展上具有优于非边境县域的独特优势,边境县域旅游对促进边境地区经济增长起着重要的作用。提高边境县域旅游竞争力是实施政府主导型旅游发展战略、加快边境县域经济发展的必由之路,是转变边境县域经济发展方式、调整经济结构、提高产业素质的重要举措,是惠及边民、带动边民脱贫致富的民心工程。对中越边境县域旅游竞争力进行研究,有利于中越边境各县清楚地认识自身在区域旅游业中的地位,通过对比分析确定本县域在旅游发展上的优劣势,并结合自身情况和其他县域的经验来重组、优化资源配置,提升旅游发展竞争力。

2. 有利于促进中越边境旅游发展

“一带一路”倡议的提出为边境旅游发展提供了良好的契机,也对边境旅游发展起到了积极的助推作用。边境县域是边境旅游发展的核心区域,但仅靠单个县域旅游的发展带动中越边境旅游的发展力量比较薄弱,在全域旅游发展的大背景下,整合中越边境各县的优势资源,使中越边境县域在竞争中形成合力,能够有效提升中越边境旅游在国际旅游上的影响力。本书在分析中越边境各县竞争力的基础上，通过评价分析，将中越边境15县（市、区）进行归类，根据相同类别具有的共性和不同类别的个性，提出中越边境县域旅游融合发展的策略，有效促进中越边境旅游发展，树立中越边境旅游发展品牌。

第三节 研究方法

在比较优势理论、竞争优势理论、旅游地生命周期理论、旅游系统理论、增长极理论、陆地边境优势理论、边缘效应理论、国家边界理论等理论的指导下，综合旅游学、统计学、社会学等学科的研究方法，构建中越边境县域旅游竞争力评价指标体系，分析中越边境各县（市、区）的旅游竞争力，并按竞争力大小将15县（市、区）进行分类，剖析不同类型县域旅游发展的特点和规律。在此基础上，提出提升中越边境县域旅游竞争力的策略，为中越边境县域旅游业的发展提供理论依据和实证支撑。

一、文献研究法

通过中国知网、谷歌学术搜索平台等收集国内外关于旅游竞争力的研究文献，对该研究领域的成果进行归纳整理和比较分析，把握该领域的最新研究动态和研究成果，为构建边境县域旅游竞争力评价指标体系提供借鉴，为本书的撰写提供理论指导。

二、德尔菲法

在构建中越边境县域旅游竞争力评价指标时采用德尔菲法。根据前人的研究成果初步拟定评价指标，邀请广西区内外的专家对评价指标进行评定，提出修改建议，结合专家意见最终确定合理的评价指标体系。

三、比较研究法

研究中越边境各县（市、区）的竞争力情况，设计指标并计算分析各县（市、区）的竞争力得分，通过比较确定各县（市、区）的旅游竞争力水平，便于各县（市、区）找出自身的优势和不足。同时，结合各县（市、区）的指标情况，将15县（市、区）分成不同类型，比较不同类型的共性和个性，便于针对性地提出发展对策。

四、定性分析法与定量分析法相结合

在调研和查找资料的基础上，对中越边境县域基本情况、中越边境县域旅游发展现状进行定性分析。利用SPSS软件，对中越边境县域旅游竞争力评价指标进行统计，采用因子分析法对中越边境县域旅游竞争力进行评价，计算各县（市、区）的综合得分，按得分进行竞争力排序，并根据得分情况将15县（市、区）划分为不同竞争力等级，针对每一等级县（市、区）进行详细分析。

第四节　研究内容

本书拟解决的基本问题是：中越边境15县（市、区）各自旅游综合竞争力情况如何？在哪些方面竞争力强，哪些方面竞争力弱？如何提升中越边境各县（市、区）旅游竞争力及中越边境县域旅游整体竞争力？

本书内容如下：

第一章，绪论。主要阐述研究背景、研究意义、研究方法和研究内容。

第二章，理论基础与国内外相关研究进展。界定边境旅游、县域旅游、旅游竞争力的概念，以竞争力相关理论、旅游业相关理论、边境发展相关理论作为本书的理论支撑，从边境旅游研究和边境旅游竞争力研究两方面分析国外主要研究成果，从边境旅游研究、边境旅游竞争力研究和县域旅游研究三方面分析国内主要研究成果，总结研究存在的不足，为本书的思路构建提供借鉴。

第三章，中越边境县域概况。介绍中越边境概况，并对中越边境15县（市、区）的基本情况及旅游发展情况进行分析。

第四章，中越边境县域旅游竞争力评价指标构建。在总结国内学者关于县域旅游竞争力评价指标体系的基础上，确立中越边境县域旅游竞争力评价指标体系的构建原则，从旅游资源竞争力、旅游市场竞争力、旅游发展竞争力、旅游接待竞争力、边境口岸竞争力五大方面构建评价指标，利用德尔菲专家法选取具体评价指标，确立最终指标体系，并明确指标数据的来源。

第五章，中越边境县域旅游竞争力分析。采用因子分析法，对收集到的中越边境县域旅游竞争力16个评价指标所对应的数据进行分析，计算出各边境县（市、区）的综合得分。根据中越边境各县（市、区）综合得分情况，将

中越边境15县(市、区)划分为不同竞争力等级。具体分析各县在游资源竞争力、旅游市场竞争力、旅游发展竞争力、旅游接待竞争力、边境口岸竞争力五方面的排名情况。

第六章,边境县域旅游发展案例借鉴。以资源依托型边境旅游城市内蒙古阿尔山市和口岸优势型边境旅游城市吉林珲春市两个典型边境旅游城市为案例,分别分析两市的旅游资源概况、旅游发展所经历的阶段以及旅游发展取得的成绩,并总结两市边境旅游的发展经验,从而为中越边境县域旅游发展提供参考。

第七章,中越边境县域旅游竞争力提升策略。结合中越边境15县(市、区)所处的竞争力等级提出各县(市、区)旅游竞争力提升对策。从全局出发,提出中越边境县域旅游整体竞争力提升的策略。

第八章,研究结论与展望。总结本书分析得出的结论,结合实际提出研究中存在的不足及今后完善的方向。

本书的研究路线如图1–2所示。

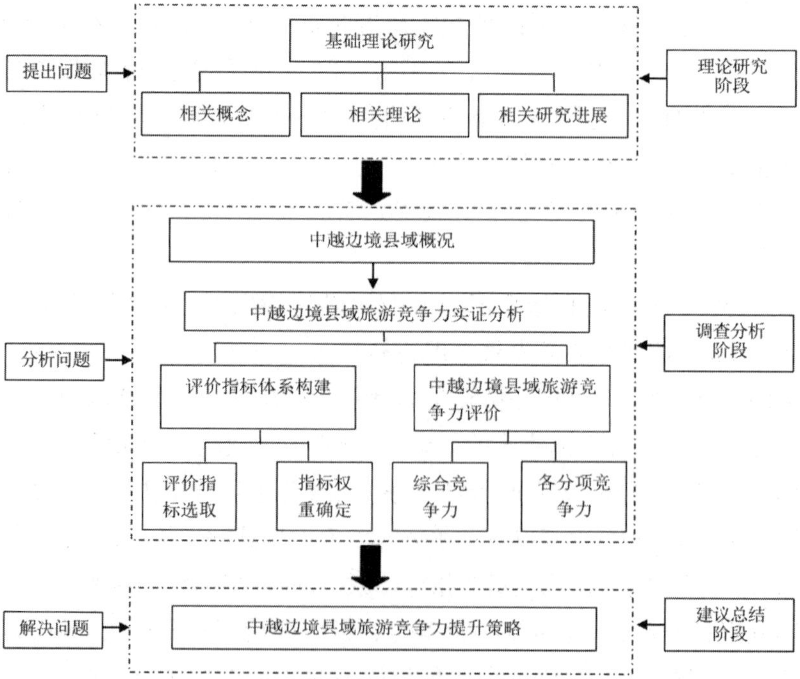

图1–2 研究路线

第二章 理论基础与国内外相关研究进展

第一节 相关概念

一、边境旅游

边境旅游也称为跨境旅游或边境地旅游，是一个具有地理空间含义的概念，特指发生在国与国之间的旅游活动。边境旅游受到学术界广泛关注是从20世纪70年代开始，最早是探索边境旅游的概念，学者们从旅游主体、旅游时间、旅游方式、地域范围等角度展开探讨，其界定标准相对繁杂。国外学者Bringas（2004）将边境旅游定义为：由于居住、娱乐、健康、商务、亲戚或朋友的探望、宗教活动，使人们暂时离开其通常居住地而流向两个国家之间的边界。国内也有不少学者对边境旅游概念做出界定。张广瑞（1997）认为，边境旅游是人们通过边境口岸所进行的跨越国境的旅游活动。祝招玲和谢维光（2010）认为，边境旅游是旅游者在国家边境地区进行的旅游活动，认为目前边境旅游包括两种形式：一种是旅游者经过边境口岸的出境游和邻国旅游者经过边境口岸的入境游等跨境旅游活动，另一种是旅游者在本国边境地区进行的境内旅游活动。我国官方也曾对边境旅游做出概念界定，1997年国家旅游局颁发的《边境旅游暂行管理办法》将边境旅游界定为：经授权的旅行社在指定的边境口岸、区市内和两国政府约定的期限内，组织和接待我国和邻国公民的旅游活动。边境旅游在空间范围内有一定的界限，受边境国家的政策影响较强，开展旅游涉及的层面较广。近年来，我国尝试设立跨境旅游合作区、边境旅游试验区等边境旅游发展平台，边境旅游发展政策不断增多，发展水平不断提升，发展障碍不断减少，发展方式更加灵活。

结合上述分析及本书研究的区域范围，本书将边境旅游定义为发生在中越边境地区的入境旅游活动。

二、县域旅游

县域旅游，即“county tourism”，“county”英文原意为“省”。国外“省”的地理面积同我国的县趋于一致，两者之间存在一定的可比性。以此为据进行推理，可以将“county tourism”统一视为“县域旅游”。1993年，国务院颁布实施的《关于积极发展国内旅游业的意见》首次提出了县域旅游的概念。县域旅游是指按照县级行政区划对地域空间进行划分，充分借助县域旅游优势资源，以资源开发为基础，以市场需求为导向，以产业为支撑，以特色旅游休闲生活体验为吸引的一种区域旅游发展形态。县域旅游具有区域化、地域化、市场化及政府干预的特点。从地域空间的角度来看，县域旅游是指发生于县域这一特定地理空间内所有旅游活动、旅游经济关系的总和。从产业链角度来看，县域经济是指县级行政单位在尊重客观事实的前提下，基于现有优质资源，通过旅游推动当地经济整体水平提升的经济活动。从旅游构成要素来看，县域旅游中的参与主体有县政府、旅游部门、旅游企业、当地居民等，参与主体通常会在了解旅游发展现状和发展趋势、旅游市场供需情况、旅游者消费偏好等信息的基础上，结合当地的旅游资源制定旅游规划，拟定旅游发展策略，并为之付诸行动，为游客提供具有吸引力的旅游产品和优质的旅游服务，从而获得相应的收入，带动县域其他行业的发展。

三、旅游竞争力

“竞争力”是经济学中的一个综合概念，一般是指在一定时间内竞争对手在市场竞争中的综合实力和发展潜力。旅游竞争力是产业竞争力的分支，同样是一个多维度的综合性概念。国内外学者对旅游竞争力的内涵作出了不同解释。Ritchie（2000）认为，旅游竞争力是一种吸引、满足游客的能力，旅游目的地必须保证其整体吸引力，为游客提供良好的旅游体验，等于或超过其他旅游目的地。Hassan（2000）认为，旅游竞争力是指旅游目的地充分利用自身的资源优势和外部机遇，在保持已有的市场地位和市场份额的基础上，进一步开拓国内外旅游市场，从而获得旅游持续发展的能力。

Crouch(1999)认为,旅游资源的可持续发展能力以及旅游目的地长期的经济繁荣也是旅游竞争力的衡量标尺,即让游客难忘,为当地居民带来福利并获得长期可持续竞争优势。国内学者张广海(2006)认为,旅游竞争力是指在旅游经济活动中,旅游竞争主体当前拥有的资源以及将这些资源转化为社会、经济、环境等利益的能力的综合,具体表现为旅游竞争主体通过采取相应的发展战略,实现其发展目标的程度和实现过程中体现出的整体实力,以及目标和实力持续的时间长短。程乾(2011)认为,旅游竞争力不仅是经济意义上的概念,还是社会意义上的概念。旅游竞争力不单指实现旅游目的地的经济指标,还包含实现旅游目的地的社会指标,如提高居民环境保护的意识、促进资源的可持续发展、带动当地居民就业、提高当地居民生活质量、为其他利益相关者谋取福利等。

综上,本书认为旅游竞争力既有产业竞争力的属性,也有地区竞争力的属性,是一个地区依托当地旅游资源对游客的吸引,利用社会经济、政策支持等外部环境,通过旅游企业和旅游相关部门发展旅游产业所表现出的竞争能力,以及地区未来旅游业的可持续发展潜力。

第二节　相关理论基础

一、竞争力相关理论

(一)比较优势理论

比较优势理论最早源于亚当·斯密的绝对优势理论。1776年,亚当·斯密在《国富论》一书中提出:每个国家(地区)都可依托其得天独厚的资源禀赋而形成生产某种产品的绝对有利生产条件,若每个国家(地区)都利用其绝对有利条件进行生产,那么就可以使绝对成本降低。然后,彼此之间进行产品交换,则对交换双方都有利。这样会提高劳动生产率,降低生产成本,促进经济增长和国家实力的提高。其核心观点是“两利相权取其重,两弊相权取其轻”。英国经济学家大卫·李嘉图在亚当·斯密绝对优势理论的基础上提出比较优势理论，认为决定国际分工和贸易的因素并不是绝对成本，而是相对成本，各国应该把资本和劳动用于具有比较优势的产业部门，利用分工和贸易完成彼此之间的互补。随着比较优势理论的发展和应用，其基本原则已普及为国家和地区制定产业发展战略的重要理论依据。20世纪初，赫克歇尔和俄林提出要素禀赋理论，认为要素禀赋的相对差异是决定国际分工形态和国际贸易流向的关键。要素禀赋理论进一步解释和发展了比较优势理论，要素禀赋分析成为分析比较优势的经典方法。

比较优势理论在旅游学上强调资源禀赋条件。旅游比较优势指一个目的地的自然和人工禀赋条件，其中包含自然资源、历史文化资源、知识资源、资本资源、人力资源、旅游上层建筑等要素禀赋。由于旅游是完全可交易的，基于产品因素的禀赋条件，比较优势理论可以用于旅游竞争力的测度。

（二）竞争优势理论

竞争优势理论是由迈克尔·波特在比较优势的基础上提出的概念。波特认为，一个国家的贸易优势在很大程度上取决于一个国家产业创新和升级的能力，而不是传统国际贸易所认为的，简单地取决于一个国家的自然资源、劳动力、利率和汇率。当前，国与国之间的竞争更多依赖于对知识的创造和吸收，竞争优势的形成和发展已经日益超出单个企业或行业的范围，成为一个经济体内部各种因素综合作用的结果，一个国家的价值观、文化、经济结构和历史都成为竞争优势的来源。波特提出的竞争优势模型（又称钻石模型）认为，影响产业竞争态势的因素有五项，分别是新加入者的威胁、购买者（客户）的议价力量、取代品（或服务）的威胁、供货商的议价力量及现有竞争者之对抗态势。通过这五方面的分析，可以测度该产业的竞争强度与获利潜力。该理论还认为，某一国家的特定产业是否具有竞争力取决于四种内部决定因素和两种外部力量。四种内部决定因素为要素状况，需求状况，相关产业与辅助产业，企业战略、结构与竞争。两种外部力量为机遇作用和政府作用。如图2-1所示。

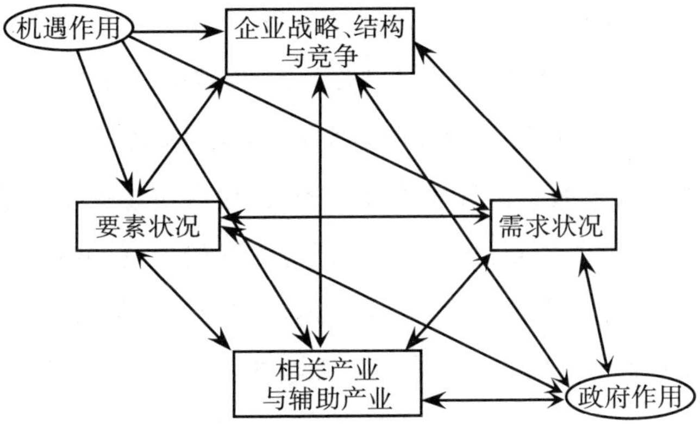

图2-1 钻石模型

竞争优势理论在旅游竞争力研究中的应用体现在：强调管理因素在旅游竞争力中的作用；不仅看重当前的游客人数或旅游收入等显性竞争力，更强调旅游产业在竞争市场上所具有的动态发展能力，即潜在能力；在肯定比较优势的前提下，竞争优势理论为旅游竞争力的提升提供了更为灵活的空间。

二、旅游业相关理论

（一）旅游地生命周期理论

旅游地生命周期理论阐释旅游地在发展过程中所经历的发展阶段，是旅游地演化的基本理论之一。最早涉及这一理论的是英国学者E.Gilbert。1939年，E.Gilbert在《英格兰岛屿与海滨疗养胜地的成长》中提及该理论，但是并没有进行系统的阐述。1980年，加拿大学者R.W.Butler系统地提出了这一理论，并将其引入旅游休假地管理的研究中。R.W.Butler认为，无论哪个旅游地，其发展的过程一般都包括探索、起步、发展、稳固、停滞和衰落或复兴六个阶段，如图2-2所示。

不同的旅游目的地，所经历的生命周期的六个阶段，其特点和规律会有所不同。在探索阶段，旅游人数较少，游客零散且多为自发性旅游，旅游地的自然环境、社会环境和基础设施等较少受到旅游发展的影响，不会产生多大变化。在起步阶段，随着旅游者慢慢增多，旅游逐渐变成一种有组织、有规律的活动，为满足游客旅游过程中的需求，当地居民为旅游者提供简单的住宿、餐饮服务，当地政府也因此改善交通、通信、水电等基础设施。在发展阶段，旅游地随着宣传推广知名度逐渐提高，旅游市场规模逐渐扩大，投资商纷纷进入旅游地开展景区、酒店、交通等方面的投资，使得旅游地基础设施建设趋于现代化。这一阶段，旅游地的面貌会发生显著的改变。在稳固阶段，游客持续增长，但增长率会呈下降趋势，旅游业与其他产业的关系越来越密切，旅游地的功能分区也越发明显。在停滞阶段，旅游对环境产生的问题逐渐显现，旅游地树立起的良好形象慢慢淡化，旅游地自然景观和人文景观逐渐被人造景观所代替，旅游市场只能艰难维持。在衰落或复兴阶段，一方面，旅游地的旅游产品、旅游设施可能会逐渐消失，旅游所产生的经济效益慢慢消退，旅游地无游客问津；另一方面，旅游地也有可能采取一些挽救措施，如结合市场需求挖掘新的旅游资源，打造人造景观，以新产品吸引旅游者，从而进入复兴阶段。

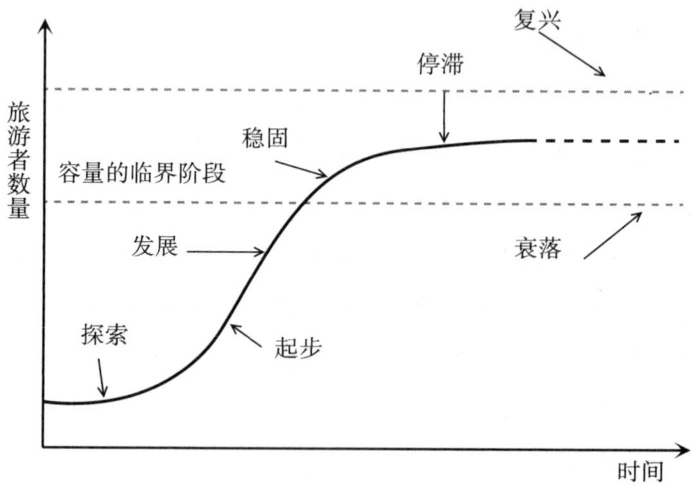

图 2-2　旅游地生命周期理论曲线

(二)旅游系统理论

旅游系统理论最早由Gunn于1972年提出。他将旅游系统分为供给和需求两部分。供给系统(包含吸引物、促销、交通、信息和服务5个子系统)为旅游活动提供拉力,需求系统则为旅游活动提供推力。1985年,Mill和Morrison对Gunn的理论进行了修正。我国学者保继刚、吴必虎、刘峰、张树民等也对旅游系统理论开展了研究。尽管国内外关于旅游系统未形成统一概念,但在基本观点上差异不大,普遍认为旅游系统包括四个部分,即客源市场系统、出行系统、目的地系统和支持系统,如图2-3所示。

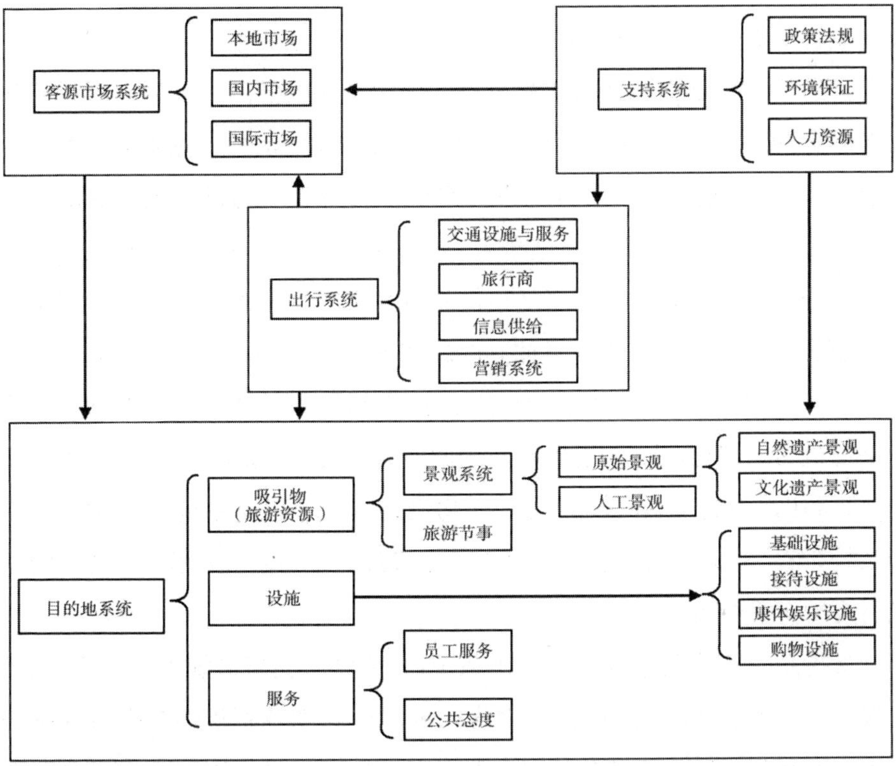

图2-3 旅游系统

客源市场系统主要是指由旅游者、旅游活动背景、旅游活动目的、旅游活动动机等要素构成的一个子系统。根据游客的来源进行划分,客源市场可以分为本地客源市场、国内客源市场、国际客源市场三大类。衡量客源市场情况的指标有很多,如游客的性别、年龄、职业、客流量、停留时间、旅游收入、人均消费等。

出行系统是保证游客从出发地抵达目的地的一系列要素组合,主要包括交通设施与服务、旅行商、信息供给、营销系统等四个方面。交通设施涉及公路、铁路、水路、航空线路等大交通及索道、缆车等小交通,交通服务是交通供给方所提供的服务。旅行商主要为客人的出行提供咨询、预订、规划等服务。信息供给包含旅游企业、旅游地及政府为游客顺利出行提供的信息。营销系统是旅游企业、旅游地及政府为激发游客出行所做的宣传、营销及其他行为所构成的系统。

目的地系统是为已经抵达旅游目的地的游客提供的一系列有形物质和无形服务的综合,包括游览、住宿、餐饮、娱乐、购物等。目的地系统由旅游吸引物、旅游设施和旅游服务三方面组成。旅游吸引物是在旅游资源基础上开发形成的,一般包括由原始景观、人工景观组成的景观系统和旅游节事两个部分。原始景观主要有自然遗产景观和文化遗产景观。人工景观主要有主题公园和现代城市休闲园林。旅游节事是围绕某一事件或某一主题举办的,吸引游客观看、参与的活动,如哈尔滨冰雕节、壮族三月三歌圩。设施子系统包括支持旅游目的地接待活动的所有设施,如通信设施、供水供电设施、餐饮住宿设施、康体娱乐设施、购物设施等。服务子系统是一类特殊的子系统,虽然其大部分情况下是无形的,却具有举足轻重的作用,是目的地吸引力的有机组成部分。

支持系统是依附于其他三个子系统而存在的,支持系统由政策法规、环境保证、人力资源等多方面支持因素组成。政府和教育机构在支持系统中处于重要位置,担负着重要责任。支持系统可能同时作用于其他三个子系统,也有可能分别作用于其他三个子系统。

(三)增长极理论

增长极理论最早由法国经济学家佩鲁于1950年提出,后来美国经济学家弗里德曼、法国经济学家布代维尔、美国经济学家赫希曼、瑞典经济学家缪尔达尔别在不同程度上进一步丰富和发展了这一理论,使其成为区域经济发展的流行观点。增长极理论的核心观点是:一个地区要实现各种产业平衡发展只是一种理想,在现实中是难以做到的,区域经济的发展主要依靠条件较好的少数地区和少数产业带动,应把少数区位条件较好的地区和少数条件较好的产业培育成经济增长极,通过增长极的极化和带动效应,影响和带动周边地区和其他产业发展。

增长极是围绕推进性的主导部门而组织的有活力的高度联合的一组产业,它不仅能迅速增长,而且能通过乘数效应推动其他部门增长。因此,增长并非出现在所有地方,而是以不同强度首先出现在一些增长点或增长极上,这些增长点或增长极通过不同的渠道向外扩散,对整个经济产生不同的最终影响。受到该理论的启发,如果县域旅游条件较好,可以采用增长极模式发展县域的旅游产业,带动和促进其他关联产业的发展,进而实现县域经济的发展目标。

三、边境发展相关理论

(一)陆地边境优势理论

陆地边境优势理论源于二战后欧美发达国家,这些国家的陆地边境出现经济繁荣的景象而引人注目。陆地边境优势理论的核心观点是将陆地边境视为一个国家或地区经济发展的宝贵资源。该理论强调三个方面:一是边境两重性与和平趋势。两重性是指边境城市的政治军事功能和经济文化交流功能。和平与发展已经成为当今时代主题。和平趋势是指陆地边境地区将在和平发展的时代背景下趋于和谐。二是梯度势能及趋稳性。陆地边境地区在经济与文化上的交流是不可避免的,且这种交流对双方均具有好处。陆地边境地区在社会、经济和文化等方面的差异越大,两国之间相互交流、相互促进的潜能就越大。三是边境需求。陆地边境口岸不但为相邻社区服务还为边境的国际贸易服务。陆地边境地区地域广阔,居住的人相对稀少,不少历史上的商埠演变为开放口岸,成为相邻两国互相往来的通道,且很多少数民族跨界而居，无论在自然还是人文上，边境都具有对外交流、发展对外贸易的重要区位作用。边境地区应借助边境区位优势，发展具有竞争优势的产业，如外贸产品加工工业、新兴服务业。

（二）边缘效应理论

边缘效应最早由生态学家比彻提出。边缘效应理论认为：在边缘地带，由于交错区生境条件的特殊性、异质性和不稳定性，使得毗邻群落的生物可能聚集在这一生境重叠的交错区域中，不但增大了交错区中物种的多样性和种群密度，而且增大了某些生物种的活动强度和生产力。随着边缘效应的研究不断发展，学者们逐步将其深入并扩展到地理和旅游领域。

旅游边缘效应是指在一定时间、空间及时空关系下，旅游边缘地区具有资源的多样性、开放性以及空间范围的拓展性的特征，其中一个因素或几个因素的组合所产生的对旅游系统的发展、演化的效应。旅游边缘效应包括正效应与负效应。旅游边缘效应的负效应主要表现为：边缘地区地理位置偏远，旅游可进入性差；区域经济发展薄弱，旅游开发不足；等等。旅游边缘效应的正效应主要表现为：边缘地区对外的开放性和可扩展性，旅游资源的丰富性和特殊性。随着社会经济的发展和旅游者消费观念的改变，以及地域单元间人流、物流、技术流、资金流、生态流、信息流等各方面的流动越来越频繁，旅游发展产生的边缘效应越来越明显。

边境地区在区位与可进入性、社会经济发展水平、旅游客源市场、旅游资源环境等方面具有不同于中心城市的特征。在旅游发展过程中，要充分把握边缘地区的特征，充分利用边缘地区的优势，使其发挥边缘正效应；正确看待边缘地区的劣势，采取合理措施规避边缘负效应。只有采取不同于中心城市型旅游地的发展模式和道路，才能实现边境旅游的可持续发展。

（三）国家边界理论

在国际范围内，对边界的研究已有较长的时间，具有不同学科背景的学者们采用不同的方法对其进行了研究，主要有生态政治法、社会认知分析法、地缘因素分析法等。研究内容也比较广泛，涉及边界制度、边界领土、边界演变和边界功能等。归纳起来,国家边界理论的基本要点如下:第一,边界社会现象具有多维性、动态性的特点,能够反映出相邻国家的经济、军事等力量。第二,国家边界具有隔离功能、接触功能和渗透功能。第三,边界功能以及边界线通常是由社会构建的。第四,边界效应包括屏蔽效应和中介效应,转化动力来自经济全球化和区域集化。第五,新边界安全观坚持采用整体方式防卫边界,灵活应对各种情况。

根据国家边界理论,边境旅游应在防控边境风险、确保边境安全以及充分认识边境爱国主义教育战略性意义的前提下,把"情""商"作为新兴要素,将边界自然景观和边境贸易活动作为重要的吸引物进行开发,在开发过程中不断深化跨境旅游合作,促进边境地区社会和谐稳定、经济繁荣昌盛。

第三节 国内外相关研究进展

一、国外研究进展

(一)边境旅游研究

通过文献资料搜索发现,国外关于边境旅游的研究始于20世纪30年代。由于当时处于起步阶段,研究比较零散,研究基础薄弱。自20世纪70年代国际地理联合会(International Geography Union, IGU)游憩工作组召开以"边境与旅游"为主题的学术会议以来,边境旅游逐渐引起国外学术界的广泛关注并成为旅游研究的热点问题,研究成果较为丰富。国外关于边境旅游的研究主要集中在边境旅游效应、边境旅游影响因素、边境旅游合作等方面。

1.边境旅游效应研究

边境效应既有正向效应也有负向效应。

关于边境旅游的正效应研究。Hoekman(2008)认为,边境旅游发展对边境地区经济发展有促进作用,可以带动边境相关产业的发展,并增加当地的投资机会。Hampton和Frenken(2010)对印度尼西亚—马来西亚—新加坡的边境旅游进行研究。研究发现,边境旅游在三国的经济发展中扮演了重要角色，增加了当地居民的就业机会，提高了当地居民的收入，有效地促进了边境地区的经济发展。Tugcu（2014）运用1998年至2011年期间的面板数据，调查了地中海沿岸的欧洲、亚洲和非洲国家旅游业与经济增长之间的因果关系，并以此为基础评估旅游业对各个国家经济增长的贡献。Gu和Ryan（2008）认为，边境旅游发展能够产生良好的社会效应，为边境地区创造就业机会，为提高当地居民的生活水平做出贡献。Kim 和 Prideaux（2007）通过调查韩国人在朝鲜新开发的旅游目的地游览后的反应发现，边境旅游发展可以增强两国之间的友谊，改善两国之间的关系，是促进国际和平发展的有效途径。Gupta和Dada等（2011）以克什米尔地区为例，通过建立跨境旅游参与理论架构，探讨了边境旅游在防止跨国冲突和缓和矛盾中的作用，强调应将边境旅游地作为政治紧张关系的缓冲区，促进边境旅游的乘数效应。

关于边境旅游的负效应研究。Schernewski和Julich（2001）研究了德国及荷兰边境地区在夏季旅游高峰时期由于城市污水的大量排放所带来的病毒传播风险，及其对游客健康和当地旅游业发展的影响。Vogt（2012）认为，边境旅游的发展会导致居民生活成本上涨。Dyer（2007）认为，边境旅游会对社会公共设施产生影响，使公共设施遭受故意破坏。Látková和Vogt（2012）研究了边境旅游对生态环境的影响，分析得出边境旅游会造成边境地区生态退化，进而影响野生动植物的生存。Sener（2015）等认为，得克萨斯州埃尔帕索和华雷斯城之间的跨境交通流量显著下降对埃尔帕索的跨境旅游业务产生了负面影响，并为当地更好地管理跨境旅行、制定改进的政策以及确保区域经济和环境的可持续性提供了相关建议。

2.边境旅游影响因素研究

文莱学者Anamen和Ismail（2002）以前往马来西亚旅游的文莱居民为调研对象，通过问卷调查，研究影响边（跨）境旅游者数量的因素。Prideaux（2005）研究了边境旅游客流整体规模的主要影响因素，并在此基础上建立了用于研究边境双方旅游流问题的分析框架。Lovelock（2006）研究了跨界合作的影响因素，研究得出影响跨境旅游合作的因素既包括全球化和区域经济一体化、可持续发展战略等宏观因素，也包括组织、制度、区位等中观因素，还包括景区经营者的专业知识背景、价值观等微观因素。Masson和Petiot(2009)研究了交通运输对法国和西班牙的交界地法国佩皮尼昂和西班牙巴塞罗那旅游发展的影响，认为高速铁路的建设对巴塞罗那旅游业产生促进作用，但是会对佩皮尼昂的旅游发展造成压力，给佩皮尼昂带来更为激烈的竞争，佩皮尼昂只有走旅游产品差异化道路才能更好地应对竞争。Gelbman(2011)以边境飞地旅游为切入点，研究影响边境飞地旅游发展的主要因素。研究结果显示，边境飞地旅游发展受到社会、文化、物质等多方面因素影响。Roy等(2021)以孟加拉国青年游客为调研对象，研究了影响孟加拉国青年游客出境旅游的主要因素。

3.边境旅游合作研究

边境旅游合作是边境旅游发展的重要举措。边境旅游合作是边境旅游研究的主要方向之一。国外学者关于边境旅游的研究也有较丰富的成果，研究内容主要集中在边境旅游合作的利益主体、边境旅游合作路径与合作机制方面。

在边境旅游合作的利益主体研究方面。Prokkola(2011)认为，一般情况下开展边境旅游合作时，如果旅游企业不加入其中，仅由政府部门扮演主要角色，将会导致旅游合作无法顺利开展。Bhatasara(2013)认为，边境旅游合作的利益主体应包含利益相关者和合作行动者，如各级管理部门、私营企业、非政府组织、当地社区等，而不应该仅仅局限于政府。Blasco(2014)通过研究认为，在跨境合作中，私营旅游企业的参与具有非常重要的作用。Chirozva(2015)研究了非洲跨境保护区生态旅游的发展问题，提出社区参与对跨境保护区生态旅游的发展具有重要意义。

在边境旅游合作路径及合作机制研究方面。Teye(1988)以区域合作视角探讨了非洲开展边境旅游活动的基础与模式，总结出符合研究区实际特点的旅游合作机制。Ioannides等(2006)对跨境旅游合作问题进行了研究，提出要促进边境旅游的合作，应当为边境地区的餐饮、住宿等服务设施制定统一的质量标准。Markovic和Seric(2013)研究了克罗地亚-斯洛文尼亚跨境旅游合作的问题，认为边境两国可通过旅游品牌共建来提高边境旅游市场的竞争力。Mihaela等(2014)以克罗地亚、匈牙利等国为研究对象,研究如何让边境地区的年轻人更好地融入跨境旅游合作中。研究认为,要加强边境地区学生的文化教育,让边境地区的学生了解邻国的民族文化,掌握邻国的语言。Makkonen(2016)以德国和丹麦边境为研究对象,研究了两国的跨境旅游消费情况,提出要通过跨境旅游购物来加强旅游目的地的营销。

(二)旅游竞争力研究

国外关于旅游竞争力的研究是从20世纪60年代左右开始的,当时处于第二次世界大战结束后的经济恢复期,各国经济逐渐好转,旅游及旅游相关行业取得了一定的发展。当时学术界关于旅游竞争力的研究多侧重于某地或某个景区的旅游资源禀赋。到20世纪70年代,世界旅游业得到迅速发展,学术界关于旅游竞争力的相关理论研究日趋成熟,研究内容涉及旅游竞争力影响因素、旅游竞争力评价、旅游竞争力提升策略等方面。

1.旅游竞争力影响因素研究

旅游竞争力研究初期,学者们倾向于对旅游竞争力影响因素进行研究。Pour和Farzin(2011)以伊朗恰巴哈尔港为研究对象,运用克劳奇和里奇的旅游目的地竞争力模型,对影响恰巴哈尔港旅游竞争优势的因素进行研究,并对影响因素进行了排序。研究结果显示,影响恰巴哈尔港旅游竞争优势的因素依次为目的地政策规划和发展、目的地管理、核心资源与吸引物、支持性因素与资源、限制性核心因素。Rodríguez等(2018)从旅游目的地的成本、旅游目的地的无用/效用、旅游目的地品牌的力度、交通费用、与旅行时间有关的成本等方面分析了两个相互竞争的旅游目的地之间的竞争力影响因素。Dolores等(2019)以瓜伊马斯、伊斯拉惠乌莱和阿拉莫斯为案例,研究了索诺拉南部地区旅游竞争力和可持续性的影响因素。研究得出,自然和文化景观、安全和交通便利以及环境保护对索诺拉南部地区旅游竞争力及可持续性具有重要影响。Zeleke和Biwota(2020)基于游客选择的视角研究了埃塞俄比亚旅游竞争力的影响因素。通过对154名国际游客的调查发现,旅游产品的开发、目的地营销和旅游服务质量等都是影响埃塞俄比亚旅游竞争力的重要因素。

2.旅游竞争力评价研究

国外学者的旅游竞争力评价研究以实证研究为主,多通过构建评价指标,对单个旅游目的地竞争优势进行分析,或对多个旅游目的地的竞争优势进行对比分析。Enright和Newton(2004)根据 Crouch模型和Ritchie 模型,调查游客对旅游目的地的感知,让游客对其真实体验进行打分,通过这种方式对旅游竞争力的复杂影响因素进行量化分析,构建出较为完善的旅游竞争力评价指标体系,并对香港的旅游竞争力进行了评价分析。Cracolici(2008)运用因子分析法评价了意大利南部6地区的旅游竞争力水平。Mazanec(2007)通过构建结构方程模型,运用最小二乘法对197个国家和地区的旅游竞争力进行了测算。Sanja(2010)指出信息资源与技术、人力资源、政策支持等要素在旅游竞争力中的重要作用,并将其用在旅游竞争力评价指标体系的构建中。Maja Uran Maravić(2015)通过运用旅游目的地竞争力综合评价法,对斯洛文尼亚的体育旅游竞争力进行测度,认为斯洛文尼亚的体育旅游在国内比在国外更具竞争力。Albayrak(2018)等以西班牙布拉瓦海岸和土耳其安塔利亚为例,运用IPA和IPCA方法分析旅游目的地竞争力。研究发现,IPA方法测量目的地本身的竞争优势,IPCA方法则通过同时分析目的地及其对手来测量其竞争优势。两种方法会将目的地的竞争属性划入不同层级,建策者应使用不同方法并比较其结果,以获得关于目的地竞争地位的更全面的观点。该研究为单一旅游目的地竞争力优势的评价提供了参考。

3.旅游竞争力提升策略研究

Chin和Peter(2014)研究了乡村旅游目的地竞争力的提升策略,以马来西亚的80个乡村旅游社区为研究对象进行调查研究,研究发现自然资源和文化遗产对乡村旅游的发展有积极的促进作用,据此提出乡村旅游目的地竞争力提升策略。Sudiarta和Suardana(2016)通过探讨多个旅游目的地之间的竞争状况,提出各旅游目的地可以通过做好规划提升自身竞争力,促进自身旅游发展。Wijaya(2017)以贝都鲁村为研究对象,研究乡村旅游竞争力提升策略，提出贝都鲁村可以通过加大投资来提高其旅游竞争力。Tomigova(2016)等以葡萄牙为研究对象，研究如何提升其旅游竞争力，指出了解如何增强旅游目的地的竞争性和持续性是目的地管理的基本任务，并提出葡萄牙可以通过匹配旅游资源和改进旅游管理策略提升旅游竞争力。Arminda Almeida-Santana(2018)以西班牙游客为研究对象，通过研究旅游者的消费忠诚度，提出提高旅游竞争力的策略与路径。

二、国内研究进展

(一)边境旅游研究

中国边境旅游的发展较西方国家晚，自20世纪80年代实行改革开放后，中国边境旅游才逐渐发展起来。近年来，随着经济全球化发展，国际交流与合作日益重要，中国也逐步加快了与其他国家尤其是周边国家的交流与合作，边境旅游随之变得活跃。伴随着边境旅游的发展，国内学者开始关注和重视边境旅游研究，无论是在研究内容和研究方法上，还是在研究视角上，都取得了较大的突破。我国学者关于边境旅游的研究主要集中在边境旅游发展现状、边境旅游发展模式、边境旅游开发与规划、边境旅游影响因素、边境旅游合作等方面。

1.边境旅游发展现状研究

国内学者对边境旅游发展现状的研究，大多以描述现状、分析问题、提出解决对策的思路进行。曹爽(2014)通过分析吉林省边境旅游的发展现状，找出吉林省边境旅游发展存在的制约因素，为吉林省边境旅游发展提出对策。熊远光(2015)通过实地调研，结合边境地区实际情况，分析边境旅游现状以及适合发展边境旅游的不同业态，提出以旅游业为主导产业的社会经济发展战略。卢艳丽和王昱(2016)在阐述吉林省边境旅游现状特征之后，对吉林省边境旅游发展的优势、劣势、机遇和挑战进行分析，提出“一带一路”背景下开拓吉林省边境旅游客源市场的思路。金贤(2017)在梳理珲春市边境自然旅游资源和人文旅游资源的基础上，分析了珲春市边境旅游的发展现状，通过分析发现，珲春市边境旅游发展存在产品种类单一、宣传力度不足、资源保护不充分、旅游人才缺乏等问题，结合问题提出了合理的开发策略。娄阳等(2017)在分析云南省中越边境旅游资源和发展现状的基础上，运用旅游资源、旅游地理、旅游开发等基本原理，对云南省中越边境旅游的空间布局、发展思路、产品体系进行研究，提出了构建"一带三核四极"的空间布局体系。李思男和沈万根(2019)以延边朝鲜族自治州为研究对象，研究其边境旅游的发展现状。研究发现，延边朝鲜族自治州在边境旅游发展上存在着发展不均衡、设施缺乏特色、产品缺乏文化内涵、从业人员缺乏专业性等问题，结合存在问题提出了相应的策略。徐宁等(2019)通过分析西藏边境旅游发展的特点和存在的问题，提出了西藏边境旅游发展的对策建议。齐丹(2020)对滇西边境地区文化旅游进行概述，重点分析了滇西边境旅游产业发展现状，并从四个方面讨论了优化其文化旅游模式的实践策略。

2.边境旅游发展模式研究

张小雷(2001)提出边境地区可实施旅游边贸互动式的发展模式，促进地区经济发展。祝招玲和谢维光(2010)以佳木斯市为研究对象，在分析其边境旅游发展优势的基础上，结合其发展实际，提出横向联合精诚合作、以点连线成带、旅游边贸三种边境旅游开发模式。熊远光和刘琼秀(2014)对边境地区居民生活现状进行调查分析，提出边境地区要实现经济发展、边民增收，应结合当地实际，实施绿色经济发展模式，大力发展边境旅游业、边贸、林业、生态农业和特色工业。罗纯(2017)以边境地区勐海县为研究对象，从旅游资源开发、组织结构及人力资源、旅游基础设施等方面研究了勐海县边境旅游发展现状，深入分析了勐海县边境旅游发展存在的问题，并提出了旅游资源环境一体化开发、精品旅游发展、旅游产品创意、跨境合作区等边境旅游发展模式。王丽丽和明庆忠(2018)结合国外边(跨)境旅游发展的经验，分析和构建了东北边境地区旅游发展的新模式：以边境口岸城市为主要增长点，以交通通道以及界河为轴线，重点构建跨境旅游通道体系，构建"一廊、四轴、三圈、五区"的空间发展模式。韩璐(2018)以滇西边境为研究对象，对滇西边境民族文化旅游发展模式进行研究，提出边境旅游综合空间优化模式。陈世超等(2018)以新疆维吾尔自治区为研究对象，在分析其边（跨）境旅游发展现状的基础上，总结出其边（跨）境旅游发展的三大模式：第一种是基于合作主体构建下的边（跨）境旅游发展模式，第二种是基于空间结构开发下的边（跨）境旅游发展模式，第三种是基于特色领域创新下的边（跨）境旅游发展模式。这三种模式包含相应的子模式：基于合作主体构建下的边（跨）境旅游发展模式包括边境区域内旅游联动模式、跨境旅游合作区模式两种；基于空间结构开发下的边（跨）境旅游发展模式包括廊道外探内延模式与点线面空间拓展模式、边境口岸增长极模式两种；基于特色领域创新下的边（跨）境旅游发展模式包括边（跨）境服务保障旅游模式、边（跨）境生态旅游模式两种。针对不同的模式，提出了相应的发展途径，以促进新疆维吾尔自治区边（跨）境旅游进一步发展。卢秋欢和杨李（2021）以云南河口口岸为研究对象，在分析河口口岸旅游发展现状和其所采用的双边城镇融合型旅游发展模式的基础上，进一步分析了河口口岸旅游发展存在的问题，并提出相应对策。王鹏飞等（2021）以广西凭祥东盟水果小镇、西藏林芝鲁朗国际旅游小镇、云南佤族自治县翁丁村作为研究案例，研究边疆民族地区旅游业的发展模式，分别总结出三地“边境旅游+水果贸易”发展模式、“高原旅游+对口援藏”发展模式、“生态旅游+佤族文化”发展模式的发展经验，结合发展经验提出边疆民族地区旅游业高质量发展的对策。

3.边境旅游开发与规划研究

汪德根（2004）通过分析内蒙古入境客源市场的时间、空间和消费结构，得出内蒙古入境客流季节变化较为明显、整体消费水平低、边贸游客停留时间短等特点。结合调查结果，提出相应的旅游市场定位策略、旅游产品开发策略、旅游开发空间布局、旅游产品组合策略、旅游形象策略和旅游促销策略。王庆生（2008）在分析边境城市旅游发展特点、发展趋势和发展影响因素的基础上，以中蒙边境城市内蒙古二连浩特市为例，探讨边境城市旅游的开发机制及营销对策。周彬等（2015）以黑龙江省中俄界江为研究对象，在调查评价其旅游资源的基础上，结合旅游资源的特征、开发现状及存在问题，提出相应的开发策略。戴宗贵（2018）对广西龙州边境岜坤湖旅游小镇提出开发构想,并给出具体的实施规划,从一个较新的视角研究了边境旅游的发展。刘林舒(2019)以黑龙江省中俄边境为研究对象,在分析中俄边境旅游开发意义的基础上,分析中俄边境旅游开发的现状及存在的问题,提出中俄边境旅游开发的对策。秦琳(2020)以旅游系统理论为依据,分析瑞丽市旅游业资源和旅游业发展的不足之处,从旅游系统理论的四个子系统,即市场系统、出行系统、支持系统、目的地系统出发,为瑞丽市旅游业的发展做出规划。王涛(2020)以爱国主义为主题,从保卫边疆、开发边疆、建设边疆的角度出发,提出开发建设清驿路驿站古今历史文化旅游长廊的思路。马睿等(2022)通过实地调研分析了广西陆路边境口岸所拥有的边疆山水生态旅游资源、边关历史文化旅游资源、边境民族文化旅游资源,并结合广西陆路边境口岸旅游发展现状,提出相应的旅游开发对策。

4.边境旅游影响因素研究

国内对边境旅游影响因素的研究主要包括边境旅游发展的影响因素以及边境旅游流的影响因素。

在边境旅游发展的影响因素方面。时雨晴和虞虎(2018)分析了我国边境旅游发展的影响因素和发展机理,认为旅游资源、与周边国家的地缘政治与经济格局、政府、企业、边境贸易与区域旅游产业集群、技术创新、文化都是影响边境旅游发展的因素。郭辉(2020)运用障碍因素诊断模型研究新疆构建边境旅游试验区的障碍因素,分析得出制约新疆构建边境旅游试验区的障碍因素主要来自旅游资源禀赋、边境区域与毗邻国家的合作和旅游产业发展三个子系统。王美钰等(2020)研究了我国边境省区入境旅游的效率及其影响因素。研究得出,旅游管理水平、文化建设水平两者均对边境省区入境旅游效率存在显著的正向影响,产业环境对边境省区入境旅游效率存在一定的负向影响,交通发展则与其存在显著的U形关系,对外依存度对其无显著影响。张生瑞等(2020)对中国陆地边境旅游发展影响因素进行分析,得出地形条件、文化多样性、区位条件、国际地缘政治关系以及旅游设施水平是影响边境旅游业发展的重要因素。高俊等(2022)以霍尔果斯为例,研究影响新疆边境旅游发展的主要因素。研究发现,影响新疆边境旅游发展的主要因素有中国与周边国家的地缘政治与经济格局、区域社会经济发展水平、新疆安全形势、旅游供给水平、区域社会经济发展水平。白以娟(2023)研究了丹东边境旅游发展的影响因素,认为边境旅游目的地作用发挥不足、边境旅游特色品牌培育不足、边境旅游产品体系不完善、边境旅游发展势头不够强劲是影响和制约丹东边境旅游发展的主要因素。

在边境旅游流的影响因素方面。范媛(2014)基于中日、中韩、中俄、中美关系的变化,研究了国际关系对中国沿海省市入境旅游的影响。席俊敏(2016)以全球178个中国的客源国为研究对象,通过构建中国入境旅游影响因素的扩张力模型,在选取传统引力模型中的基本变量的基础上,从经济、地理、文化视角选取其他解释变量来探讨中国入境旅游的影响因素。梁茹和孙根年(2018)基于1995—2016年的客流量数据,研究了中国与140个国家 (地区) 出入境客流量的反转情况以及影响出入境旅游市场翻转的因素。陆保等(2019)以云南省边境市州为例,利用云南省边境各市州2000—2016的旅游总人次数据,研究边境地区旅游流空间场效应的时空动态及其影响因素。研究表明,在影响旅游流空间场效应发展演化的主要因素中,影响程度从小到大依次为对外开放程度、旅游接待服务能力、交通通达性、区域经济发展水平、信息化水平、旅游资源禀赋。

5.边境旅游合作研究

我国关于跨境旅游合作的研究比国外起步晚,但发展迅速。国内学者在边境旅游合作利益主体、边境旅游合作利益机制和边境旅游合作产业效应等方面进行了有益探索。

关于边境旅游合作利益主体。景婧(2016)研究了中越跨境旅游合作的利益主体,认为中越两国政府、旅游企业、边境居民、边境游客是中越边境旅游合作的四大利益主体,这四类主体具有各自的特征,应充分把握好各合作主体的特征,协调好各合作主体间的关系,以实现合作的帕累托最优。曹璨(2017)在研究中缅边境区域旅游合作时提出,中缅边境区域旅游合作的利益主体主要包括政府、企业、行业协会以及社区居民,其中社区居民是中缅边境旅游发展的重要参与者,政府、企业、行业协会是中缅边境旅游的发展力量。田里等(2018)认为,我国在进行跨境旅游合作发展研究时,要对旅游者、旅游企业、社区居民等利益相关者进行调查,了解其对跨境旅游合作的意愿,进而分析跨境旅游合作的可行性。

关于边境旅游合作利益机制。陈俊安和麻新华(2012)基于利益相关理论研究了中越跨境旅游合作,通过分析中越旅游合作所面临的经济利益冲突、生态环境利益冲突、社会文化利益冲突、营销品牌及市场冲突等,提出应构建利益相关者参与合作、沟通协调、联合营销、分配补偿、全面保障等合作机制。成竹(2015)基于共生理论的视角对滇越国际旅游合作进行研究,提出要从利益补偿、利益协调、利益共赢三方面采取相应的措施,才能保证双方的旅游合作实现利益均衡,从而使滇越跨境旅游合作健康持续发展。刘民坤等(2015)在中越跨境旅游合作区开发路径研究中提到,利益分配协调是一项烦琐而艰巨的工程,可以从利益分成、利益磋商、利益补偿三个方面探讨中越跨境旅游合作区的利益分享机制。葛欣(2016)在中俄蒙区域旅游合作机制研究中对利益机制进行了探究,认为中俄蒙应完善利益共享机制、利益约束机制和利益补偿机制。

关于边境旅游合作产业效应。黄爱莲(2011)对北部湾跨界旅游合作问题进行了研究,提出要深化北部湾跨界旅游合作必须实施产业融合,要让区域内的各个产业相互作用,相互融合,进行多产业联动,才能构筑起北部湾新兴旅游产业体系。李燕和李继云(2016)对云南和越南之间的旅游合作问题进行了研究,认为云南与越南的旅游合作带动了双方交通运输业、服务业、通信业等相关产业的发展。黄爱莲和罗平雨(2018)以云南瑞丽口岸为研究对象,研究跨境旅游对边境口岸产业发展的影响。研究发现,跨境旅游的发展促进了瑞丽工业、农业等产业的发展,优化了瑞丽口岸的产业结构,推动了瑞丽口岸的经济发展。

(二)旅游竞争力研究

国内学者关于旅游竞争力的研究主要集中在旅游竞争力影响因素研究、旅游竞争力评价研究、旅游竞争力空间结构研究三方面。

1.旅游竞争力影响因素研究

郭清霞(2012)以旅游者的微观视角为研究的切入点,对鄂西生态文化旅游圈(鄂西圈)旅游竞争力影响因素进行了实证研究,发现市场需求状况和区位条件对该区域旅游竞争力起直接作用,区域旅游资源、旅游支持因素、区域旅游管理对该区域的旅游竞争力起间接作用。万绪才等(2010)运用调查法从国际游客出游决策视角分析归纳出国际旅游竞争力的直接影响因素,同时分析了间接影响因素和直接影响因素的分类体系。研究结果表明,旅游吸引物是影响国际旅游竞争力最重要的因素。此外,安全、物价水平、文化背景、语言、旅游服务、与客源地的距离和交通都是影响国际旅游竞争力的因素。庄国栋和张辉(2015)基于完备性和可行性原则,构建旅游城市品牌竞争力影响因素评价指标体系,认为提升旅游城市品牌竞争力,应提升旅游城市的人文内涵,突出旅游产品的特色,完善旅游基础设施建设,提高旅游从业人员服务质量,加强旅游品牌宣传。甘俊伟(2017)研究了川藏旅游产业竞争力的影响因素,首先从区域旅游产品、旅游支撑条件、区域旅游管理三个维度构建了川藏旅游产业竞争力影响因素体系,接着用DEMATEL方法分析了三个维度下的15个子因素之间的相互作用,并对15个子因素的重要性进行分析,得出政策支持力度、市场需求、旅游服务质量与市场秩序等因素对川藏旅游产业竞争力起关键性作用。陈美璘和黄华芝(2018)采用文献研究法、德尔菲法、数理统计法等方法对山地旅游目的地竞争力影响因素进行研究,得出影响山地旅游目的地竞争力的因素有目的地吸引物因素、目的地管理因素、目的地支持物因素、环境因素及需求因素。焦爱英等(2019)对影响乡村旅游竞争力的因素进行了研究,通过研究得出资源条件、旅游条件、开发条件三大方面的10个因素影响着乡村旅游综合竞争力,10个因素分别为资源特征、区位条件、设施水平、服务与产品、村民参与、政府政策、所在城市经济、技术与人才、资本进入、市场需求。桑虹丽(2021)以广西崇左市为研究对象,基于波特钻石模型,选取边境旅游竞争力影响因素指标,先对崇左的边境旅游竞争力水平进行评价,再进一步分析影响崇左边境旅游竞争力水平的主要因素。研究发现,旅游机构即旅行社、酒店、旅游管理部门等对边境旅游竞争力起着至关重要的作用。韩小萌等（2021）通过构建旅游业综合竞争力评价指标体系，对陕西省旅游业竞争力影响因素进行了研究。研究发现，旅游经济、地区经济等因素对陕西省旅游收入有着重要影响，旅游基础设施、环境保护等因素对陕西省旅游总人次有着重要影响。

2.旅游竞争力评价研究

吴志军和胡亚光（2017）以湘赣两省城市为研究对象，运用因子分析及主成分法分析比较两省城市的旅游产业竞争力，以各类公因子得分系数为聚类变量，依次对样本城市进行层次聚类分析。付智等（2018）基于全域视角，构建了六大维度、三大层次的县域旅游发展水平评价指标体系，对江西省100个县域的旅游竞争力进行了综合评价，采用GIS空间分析技术对其进行了探索，最后借助旅游引力指数对结果进行了验证。李娜和陈雪琼（2018）以福建省的9个城市为研究对象，从旅游发展业绩、旅游发展潜力、旅游经济支持力度、旅游社会支持力度、交通承载力、生态环境水平等六个方面构建评价指标体系，对福建省9个城市的旅游竞争力进行评价，并对9个城市的旅游竞争力进行排名。张河清等（2019）以广东省14个国家全域旅游示范区创建单位为研究对象，通过构建特殊区域旅游竞争评价指标体系，从要素竞争力、市场竞争力、管理竞争力、发展竞争力、新媒体评价五个方面对各示范区旅游分项竞争力和综合竞争力进行实证分析。范黎丽(2019) 以“一带一路”沿线14省（市、区）作为研究对象，构建4个一级指标和19个二级指标的“一带一路”沿线地区森林旅游竞争力评价指标体系，运用因子分析法提取森林环境资源、森林旅游发展、森林生态建设、旅游从业人力资源4个主因子，对“一带一路”沿线地区森林旅游竞争力进行综合评价。张震和刘佳（2020）以中国31个省级行政区为研究对象，构建区域在线旅游竞争力评价体系，运用熵权TOPSIS法进行中国省域在线旅游竞争力测度与聚类分析，识别在线旅游发展类型。李刚（2022）以京津冀城市群的13个城市为研究对象，对京津冀城市群文化旅游竞争力进行评价研究，构建出由4个一级指标和16个二级指标组成的城市群文化旅游竞争力评价指标体系，并运用熵值法进行分析，最后将京津冀13个城市划分为4种类型。其中，北京、天津、石家庄、保定为综合竞争力较强型，邢台、承德、秦皇岛为文化资源导向型，张家口、唐山、邯郸为支撑保障导向型，廊坊、沧州和衡水为综合竞争力匮乏型。

3.旅游竞争力空间结构研究

张耀光等(2012)运用层次分析法、主成分分析法等方法，对我国12个海岛(县)进行实证研究，分析我国12个海岛(县)的旅游综合实力水平，并在此基础上分析12个海岛(县)空间格局。研究发现，海岛旅游竞争力空间格局呈现出一个不断聚集和扩散的动态过程。戴玲丽(2014) 以杭州都市圈20个县(市、区)为研究对象，通过构建县域旅游竞争力评价指标体系，对20个县(市、区)旅游竞争力水平进行定量评价。分析结果表明，杭州都市圈各县(市、区)旅游竞争力存在较大差距，在空间上呈现出旅游竞争力从杭州主城区周边向外逐渐减弱的趋势。陆霞(2014) 基于旅游空间发展相关理论，运用因子分析和引力模型对山西省11个地市旅游业进行了竞争力和经济联系分析。江海旭和梁娟(2015)结合丝绸之路申遗成功的契机，对中国段主要城市的旅游竞争力进行研究，通过构建竞争力评价指标体系，对11个主要地级市旅游竞争力进行综合衡量，对计算所得的主成分得分和投影值-AHP-PP评价指数进行比较，分析11个城市的旅游空间分布情况。祝晔(2016)以江苏省为例，运用层次分析法对江苏省13个地级城市旅游竞争力进行评价，采用GIS空间分析方法探索竞争力空间分布特征，并对其形成机理进行分析。鲁小波等(2018)构建了6个方向、21个指标的地区旅游竞争力评价指标体系，对中国东北区域(辽宁、吉林、黑龙江3省所辖地区和内蒙古自治区东部5盟市)41个地市级行政区的旅游竞争力进行评价，对东北区域旅游竞争力的空间格局进行了分析，并将东北各地区旅游竞争力的空间格局概括为“强者三足鼎立，弱者两片分割，中等南北呼应”。逯燕玲等(2017)以北京市为研究对象，在分析北京旅游空间结构特征的基础上，探讨了北京市旅游空间结构优化的问题，认为北京应重点在北部、东部和西部着力打造三条文化旅游带，分别是长城文化旅游带、运河文化旅游带、西山文化旅游带，以在空间上全面凸显旅游特色和亮点。闫旭纲等(2022)以晋中市11县(市、区)为研究对象,通过构建县域旅游竞争力评价指标体系,研究其县域旅游竞争力空间分异,并在此基础上进一步研究空间分异的影响因素。研究发现,晋中市各县(市、区)旅游竞争力差异较大,且存在显著的空间梯度分异。

(三)县域旅游研究

旅游业在促进县域经济发展中的作用越来越大,学术界以"县域旅游"为主题的研究活动呈现出逐年递增趋势,与县域旅游相关的理论研究成果不断增多,许多学者将研究重点放在县域旅游与县域经济发展的联系上,试图探究县域旅游的发展策略,为实践活动的开展指明新的方向。熊丹和许小君(2016)以处于民族边远地区的平武县为例,在政府提出"旅游兴县"战略目标的背景下,对平武县旅游发展进行了研究。首先,分析其所拥有的旅游资源及旅游资源的特点。接着,进一步分析其旅游发展的制约因素。最后,提出相应的旅游发展对策和建议。陈灿平等(2016)以四川甘孜州为例,基于扶贫视角,通过构建县域旅游产业竞争力评价指标体系,对甘孜州的18个县进行旅游产业竞争力评价,并进一步分析旅游产业竞争力的空间差异,结合县域旅游产业竞争力的制约因素提出策略,以促进甘孜州旅游扶贫能力的提高。穆学青等(2020)以云南25个边境县(市、区)为例,在多维贫困视角下研究县域旅游扶贫效率的时空演化。范海波和左登华(2019)研究了县域旅游对经济的贡献,重点研究了惠民县旅游税收的贡献水平,提出要通过加大旅游业的财政投入力度、大力扶持重点旅游项目建设、加大旅游形象推广与客源市场开发力度等措施提升惠民县旅游税收贡献度。黄爱莲(2022)以广西边境8县(市、区)为研究对象,通过构建边境县域旅游竞争力评价体系,对边境县域旅游兴边富民竞争力进行评价研究。研究发现,东兴市竞争力最强,那坡市竞争力最弱。从空间格局上看,8县(市、区)旅游竞争力呈现东南高西北低态势。闫旭纲等(2022)以山西省晋中市为研究对象,对晋中市县域旅游竞争力进行综合评价,并进一步分析其旅游竞争力空间分异的影响因素。研究结果显示,晋中市县域旅游竞争力整体水平较高,但从空间上看，高值区集中在西部。产生竞争力空间分异的主导影响因素有旅游资源、社会经济支持力、旅游业发展实力等。蒋莉和曾双全(2023)以地跨湖南和江西两省的罗霄山区21个脱贫县为研究对象，研究贫困地区的旅游效率及其影响因素，通过使用DEA-Malmquist模型对2013—2021年期间罗霄山区旅游的效率进行测度得出，罗霄山区的旅游效率处于中等偏上水平。通过使用双向固定效应模型对旅游效率的影响因素进行分析得出，对罗霄山区旅游效率具有显著正向影响的因素有经济发展水平、旅游专业化程度、旅游知名度、政府干预程度、人口密度。

三、国内外研究评述

国内外关于边境旅游的研究以定性研究为主，定量研究较少。国内外关于边境旅游的研究主要集中在边境旅游发展现状、边境旅游开发与规划、边境旅游影响因素、边境旅游效应、边境旅游合作等方面，对问题的分析多为描述性分析，研究方法以定性为主，研究基础较为薄弱，缺乏系统深入的定量研究。

国内外关于旅游竞争力的研究对象较宏观且多为经济发展较好地区。国内外学者关于旅游竞争力的研究多以定量研究为主，对竞争力的分析较为深入详细，但侧重于对省级、国家层面旅游竞争力的研究，较少关注微观的县级层面的旅游竞争力，且对边境偏远地区的旅游竞争力问题关注更少。然而，对于边境地区来说，县域是边境线上的基本单元，能够具体到县级层面的研究才具有实质性的意义。

第三章　中越边境县域旅游概况

第一节 中越边境概况

我国的广西、云南与越南的高平、谅山、奠边、莱州、老街、河江、广宁交界。广西的防城港、崇左、百色三市与越南的广宁、谅山、高平、河江四省接壤。云南的文山、红河、普洱三个州(市)与越南的河江、老街、莱州、奠边四省接壤。历史上,中(清)越(法国殖民政府)两国曾经划定边界。中华人民共和国成立后,中越两国约定以中法划界为基础,重新核定边界,双方经过9年的对话协商,于1999年12月30日签署了《中越陆地边界条约》。随后又历经近10年的勘界,实地确认了边界线,树立了界碑,并于2009年签署了《中越陆地边界勘界议定书》《中越陆地边界管理制度协定》和《中越陆地边境口岸及其管理制度协定》三份文件。

第二节 中越边境各县旅游概况

我国共有15个县(市、区)处于中越边境线上,自东向西依次为防城区、东兴市、宁明县、凭祥市、龙州县、大新县、靖西市、那坡县、富宁县、麻栗坡县、马关县、河口瑶族自治县(简称河口县)、金平苗族瑶族傣族自治县(简称金平县)、绿春县、江城哈尼族彝族自治县(简称江城县)。各县(市、区)所属省(区)和所属市(州)见表3-1。

表3-1 中国中越边境各县隶属情况

县(市、区)	所属省(区)	所属市(州)
防城区	广西	防城港市
东兴市	广西	防城港市

续表

县(市、区)	所属省(区)	所属市(州)
宁明县	广西	崇左市
凭祥市	广西	崇左市
龙州县	广西	崇左市
大新县	广西	崇左市
靖西市	广西	百色市
那坡县	广西	百色市
富宁县	云南	文山州
麻栗坡县	云南	文山州
马关县	云南	文山州
河口县	云南	红河州
金平县	云南	红河州
绿春县	云南	红河州
江城县	云南	普洱市

一、防城区

(一)防城区概况

防城区位于广西南部,东南濒临北部湾,西北背靠十万大山,西南达中越边关东兴,是防城港市的中心城区,城区离华南第三大港、广西第一大港防城港仅20公里,南防铁路、钦防高速公路贯穿境内。防城区与越南山水相连,海岸线长130多公里,边境线长200多公里,具有边、山、海的地缘优势。防城区拥有峒中口岸、里火口岸、江山边地贸口岸、滩散互市贸易点和茅岭海关监管卸货点5个对外开放窗口,其中峒中口岸为国家一类口岸。作为泛珠江三角经济圈、大西南经济圈和东盟经济圈交会中的一个重要节点,防城区承担着桂南和东盟物流的枢纽作用,是大西南地区出海通商走向世界的门户、窗口和交通枢纽,是西南地区重要的出边通道。

防城区总面积2427平方公里,辖10个乡镇3个街道办事处,总人口约44.9万人,包含汉族、壮族、瑶族、京族等19个民族,是广西著名侨乡之一。防城区自然资源丰富,植物资源主要有金花茶、山杉、樟木、松木、紫荆、楠木、八角、玉桂、红椎等，其中金花茶是国家一级保护植物，素有“植物界大熊猫”和“茶族皇后”之称。2015年，防城区被国家质量监督检验检疫总局授予首个“国家级金花茶生态原产地产品保护示范区”称号。玉桂在防城区有500多年的历史，防城区也因此被称为“中国肉桂之乡”。此外，由于防城区临海，水产资源也十分丰富，有鱼、虾、蟹、贝等海产品500多种。其中，珍珠港主产的白龙珍珠享誉中外。

（二）防城区旅游发展概况

防城港区拥有丰富的“边山海”旅游资源和京族、瑶族、壮族等多彩的民族文化旅游资源，初步形成了以休闲农业、观光旅游、生态康养为主的“边山海”旅游产业格局。主要旅游景点有江山半岛旅游度假区、白浪滩、金沙水旅游度假区、防城金花茶自然保护区、野人谷漂流、南山长寿旅游区等。其中，白浪滩和江山半岛旅游度假区为国家4A级景区。截至2019年，防城区有三星级及以上饭店2家，分别为防城港南城大酒店和国正酒店，均为三星级酒店。据文旅局统计，2019年，防城区接待旅游人数962.73万人次，其中国内旅游人数959.20万人次，入境游客3.53万人次。旅游总收入79.79亿元，其中国内旅游收入79亿元，国际旅游外汇收入1203.6万美元。游客平均逗留时间2.2天。

二、东兴市

（一）东兴市概况

东兴市位于广西南部，是广西下辖县级市，由防城港市代管。东兴的东、西和北面与防城港市防城区接壤，东南面濒临北部湾，西南面与越南海陆相连，是我国唯一与越南海陆相连的国家一类口岸城市，是我国通往越南及其他东盟国家最便捷的海陆通道，是国家级边境经济合作区之一，2010年被列为国家重点开发开放试验区。

东兴市总面积590平方公里，下辖东兴镇、江平镇、马路镇，市人民政府驻东兴镇。截至2019年末，东兴市常住人口16.54万人，其中城镇人口11.93万人，户籍总人口15.71万人。京族是东兴的主要少数民族，东兴京族人口占全国京族人口的70%左右，是中国京族唯一聚集地。除了京族，东兴还居住有壮族、瑶族等少数民族。东兴动植物资源丰富，植物资源主要有金花茶、绿茶、肉桂、八角、龙眼、荔枝、火龙果、木菠萝等；动物资源以海产为主，包括海参、海蜇、青蟹、对虾、鱿鱼、石斑鱼等。良好的地理区位及丰富的物产造就了美丽东兴，东兴市先后获得“中国最佳生态旅游城市”“中国长寿之乡”“中国十大养老胜地”“中国最具海外影响力城市”“中国最具竞争力百强县”“全国电子商务百家县”“中国红木文化城”和“广西首批特色旅游名县”等荣誉称号。

（二）东兴市旅游发展概况

东兴市旅游资源丰富，拥有边境探秘、金滩碧浪、通江达海、候鸟湿地、红树金花、飞瀑幽谷、民俗民风等旅游资源，拥有京岛风景名胜区、东兴国门景区等国家4A级景区，以及陈公馆景区、意景园旅游景区、百业东兴·红木社区旅游购物景区、北仑河口景区等国家3A级景区。依托丰富的旅游资源，东兴的旅游接待设施不断完善。截至2019年，东兴市共有东兴东润大酒店、东兴浙江商业城大酒店、东兴王朝大酒店、东兴市冠都饭店、东兴时代假日、东兴东京湾酒店、东兴东武酒店、东兴福珍酒店8家三星级酒店，东兴锦华酒店、东兴国门大酒店、东兴东海大酒店、东兴东杰国际大酒店、东兴东和大酒店5家四星级酒店，接待能力逐步增强。2019年，全年共接待游客1480.5万人次，经东兴口岸出入境人数1229万人次，旅游总消费142.98亿元，其中国内旅游收入139.88亿元，国际旅游（外汇）收入5089.4万美元。近年来，东兴始终立足把旅游业培育成重要支柱产业的目标定位，充分发挥沿海沿边的地缘优势，不断完善旅游产品、旅游基础设施和旅游公共服务，巩固广西特色旅游名县创建成果，大力推动旅游业向全域、向纵深发展，向中越跨境旅游目的地迈进。

三、宁明县

（一）宁明县概况

宁明县位于广西西南边陲，东与防城港市、上思县毗邻，西与凭祥市、龙州县相连，南与越南谅山省禄平县、高禄县、亭立县和广宁省平辽县接壤，北与崇左市、扶绥县接壤。有国家一类口岸爱店口岸以及爱店、北山、板烂3个边民互市点，边境线长212公里，是广西陆地边境线最长的县份。

宁明县总面积3705平方公里，下辖城中镇、明江镇、海渊镇、爱店镇、亭亮镇、那堪镇、桐棉镇7个镇，以及寨安乡、峙浪乡、那楠乡、东安乡、北江乡、板棍乡6个乡。截至2019年末，宁明县户籍总人口44.6万人，常住人口35.76万人，是一个以壮族为主体的多民族聚居地区，有壮族、汉族、瑶族、苗族、京族、回族、满族、蒙古族、朝鲜族、仫佬族等15个民族。宁明县自然资源丰富、生态环境优良，已发现的植物资源有4500种，主要植物包含松、杉、枫、樟、蚬、格木、米排、苦楝等用材林木，八角、油茶、油桐、玉桂等经济林木，以及龙眼、荔枝、芒果、香蕉、鸡皮果、黄皮果、木菠萝等水果。其中，松香、八角较为出名，宁明也因此被誉为"中国松香之乡""中国八角之乡"。动物资源有鸟类、哺乳动物、两栖动物、爬行动物等，最具代表性的动物是被列为国家一级保护动物的白头叶猴，大约有300只，占世界白头叶猴总量的一半。矿产资源有膨润土、煤、天然气、石油等20多种。

（二）宁明县旅游发展概况

宁明县历史悠久，山川秀丽，拥有中国第一处岩画类世界遗产、广西首个世界文化遗产——花山岩画文化景观。宁明县旅游资源可概括为"三山四水十大景"。"三山"指文化圣山花山、中越边境名山公母山、佛教名山狮子山；"四水"指明江河、公安河、派连河、浦下河；"十大景"分别为荷城晨钟、濑江暮鼓、蓉峰夕照、独木成林、木州双泉、东湖钓月、珠连野渡、永平古墓、迁隆书院、边关炮台。截至2019年，宁明县有3A及3A以上景区3家，其中左江花山岩画景区、广西派阳山森林公园为4A级景区，狮子头森林公园为3A景区。在住宿接待设施上，有三星及三星级以上酒店7家，其中宁明花山温泉国际酒店为四星级酒店，宁明县江滨大酒店、宁明县大明公馆酒店、宁明县县景顺大酒店、宁明花山民族山寨酒店、宁明县花山宾馆、宁明县名都大酒店为三星级酒店。自2016年宁明花山岩画申遗成功以来，宁明县大力发展文化旅游，活用花山文化打造文化旅游品牌，推出精品旅游线路，丰富旅游业态，拓展客源市场。2019年，宁明县共接待游客703.61万人次，实现旅游总消费79.87亿元，被授予“中国最佳文化休闲旅游目的地”称号。

四、凭祥市

（一）凭祥市概况

凭祥市地处中国南部，是广西下辖县级市，由崇左市代管。其西南两面与越南谅山接壤，边境线长97公里，距越南首都河内160公里，是中国通往越南及东南亚最大和最便捷的陆路通道，是中国最靠近东盟国家的国际化城市，有“祖国南大门”之称。1992年6月，凭祥市被国务院批准为沿边对外开放城市。凭祥辖区内有凭祥口岸（铁路口岸）、友谊关口岸（公路口岸）2个国家一类口岸，平而关口岸（水路口岸）1个国家二类口岸，浦寨、叫隘、平而、油隘4个边民互市点，是广西口岸数量最多、种类最全、规模最大的边境口岸城市。

凭祥市总面积650平方公里，辖凭祥镇、友谊镇、白云镇、上石镇、夏石镇5个镇。截至2019年末，凭祥市户籍总人口11.5万人，是一个少数民族聚居市，有壮族、汉族、京族、苗族、水族、回族、傣族等24个民族，少数民族人口占总人口的比重达85.63%，其中壮族人口占总人口的比重达84.7%，是以壮族为主体、多民族杂居的少数民族聚居区。自1992年国务院批准凭祥市为沿边对外开放城市后，凭祥市充分发挥沿边对外开放口岸的地区优势，以边境贸易为龙头，积极实施开放带动战略，国民经济持续快速增长。目前，凭祥市已形成中越边境最大的红木家具、工艺品专业市场和水果交易市场。

（二）凭祥市旅游发展概况

凭祥市名胜古迹众多，有我国十大名关之一的友谊关，有大小古连城、金鸡山古炮台、红八军纪念馆等，具有发展边境旅游得天独厚的地理人文优势，是中越边关旅游胜地，有“最美中国特色魅力旅游目的地城市”的称号。近年来，凭祥市政府充分整合政策、经济发展优势条件，发挥政府作用，引导和扶持旅游产业，加大旅游资源开发，不断完善城市旅游功能，提高旅游接待服务水平。截至2019年末，凭祥市内有4A级景区3个，分别为凭祥市友谊关景区、凭祥市红木文博城景区、凭祥市大连城景区；有3A级景区5个，分别为凭祥市兰花谷景区、凭祥市平岗岭地下长城景区、凭祥市浦寨文化旅游不夜城景区、凭祥市世界珍稀林木生态园景区、凭祥市城市规划展览馆。有四星级酒店5家，分别为广西祥城国际大酒店、凭祥市园林国际大酒店、凭祥市喜相逢大酒店、凭祥维也纳国际大酒店、凭祥市锦华大酒店；有三星级酒店3家，分别为凭祥广越国际大酒店、凭祥中越国际大酒店、凭祥市绿洲假日酒店。凭借着每年一度的中越边关旅游节，凭祥市的“边境跨国游”和“边关风情游”的热度不断上升，接待的游客人数不断增多。2019全年凭祥市接待旅游人数889.34万人次，其中，接待入境过夜游客人数17.07万人次，接待国内游客人数872.27万人次。旅游总消费81.83亿元，其中国内旅游消费77.15亿元。

五、龙州县

（一）龙州县概况

龙州县位于广西西南部，东面与崇左市江州区相邻，南面与宁明县、凭祥市相接，东北面与大新县相连，西北与越南接壤，中越边境线龙州段长184公里。龙州县素有“边陲重镇”“小香港”之称，是我国与东南亚国家开展贸易交往和文化交流的重要门户，也是广西最早对外开放的通商口岸，1889年就被辟为对外陆路通商口岸。目前，龙州县境内有国家一类口岸水口口岸、国家二类口岸科甲口岸，以及水口、那花、科甲、布局4个边民互市点。

龙州县总面积2311.19平方公里，下辖龙州镇、金龙镇、响水镇、下冻镇、水口镇5镇，以及八角乡、上降乡、上龙乡、武德乡、彬桥乡、逐卜乡、上金乡7乡。截至2019年末，龙州县户籍总人口27.5万人。龙州县境内居住着壮族、汉族、回族、瑶族、苗族等12个民族，其中壮族人口占总人口的比重高达95%，是名副其实的壮乡。龙州县属南亚热带季风气候，雨量充沛，日照充足，良好的气候造就了丰富的自然资源。龙州县内有国家一级保护植物金花茶、擎天树，国家二级保护植物蚬木、金丝李、紫荆木、叉叶苏铁、格木等；有国家一类保护动物白头叶猴、黑叶猴，国家二类保护动物红腹角雉、穿山甲、林麝、冠斑犀鸟。2019年，龙州县获评“自治区级生态县”。

(二)龙州县旅游发展概况

龙州县是红八军的故乡,是中国长寿之乡,是中国天琴艺术之乡,也是世界花山岩画文化遗产地,拥有丰厚的自然及边境人文旅游资源。自2015年被列入广西特色旅游名县创建县后,龙州县深入实施"生态立县""旅游旺县""文化兴县"战略,不断加快旅游景区景点开发及旅游基础设施建设。截至2019年,龙州县有龙州起义纪念园景区、小连城景区、左江景区、发现弄岗景区4个4A级景区,有胡志明展馆、业秀园景区、龙州(水陇-甫茶)红军路景区、独山景区、跑马洞景区5个3A级景区。住宿接待设施上,有龙鼎大酒店四星级酒店1家,龙嘉大酒店、龙州县天之鹅大酒店、龙州锦德大酒店、龙州嘉信酒店、龙州新美大酒店三星级酒店5家。2019年,龙州县接待游客695.15万人次,旅游总收入81.35万元。

六、大新县

(一)大新县概况

大新县位于广西西南部,东北与隆安县相邻,正北与天等县接壤,西北同靖西市相近,西南靠龙州县,正西的硕龙镇、宝圩乡、下雷镇与越南高平省下琅县、重庆县山水相连,边境线长43公里。大新县境内有国家一类口岸硕龙口岸以及德天、硕龙、岩应等3个边民互市点,硕龙口岸与越南里板口岸相连通,是通往越南及其他东南亚国家的重要陆路通道。

大新县总面积2742平方公里,下辖桃城镇、雷平镇、全茗镇、硕龙镇、下雷镇5个镇,五山乡、龙门乡、那岭乡、宝圩乡、榄圩乡、恩城乡、昌明乡、福隆乡、堪圩乡9个乡,以及大新华侨经济管理区。截至2019年末,大新县户籍总人口38.55万人,常住人口31万人,是以壮族为主体的少数民族聚居县,居住着壮族、汉族、瑶族、苗族等23个民族,其中主体民族壮族占总人口的97.21%。有壮族、瑶族、苗族等少数民族37.55万人,占全县总人口的97.4%。大新县物产资源较为丰富,矿产类有锰、铅、锌、水晶、朱砂、铜、铁、金等22种,其中锰藏量、品位居全国之首,素有"中国锰都"之称。珍稀植物有蚬木、金花茶、金丝李、擎天树等,珍稀动物有白猿、乌猿、冠斑犀鸟、白猴、金丝猴等30多种。土特产品主要有龙眼、苦丁茶、八角、果蔗、山黄皮等，其中，龙眼、苦丁茶尤为著名，是全国六大龙眼生产基地之一，同时是苦丁茶的原产地，素有“龙眼之乡”和“中国苦丁茶之乡”的美称。

（二）大新县旅游发展概况

大新县是广西特色旅游名县，旅游资源丰富，大新县内的德天跨国瀑布是中越边境线上唯一一个5A级旅游景区，也是亚洲最大的跨国瀑布。2015年，中越两国政府签署了《关于合作保护和开发德天（板约）瀑布旅游资源的协定》，由此建立了中国首个跨境旅游合作区中越德天（板约）瀑布跨境旅游合作区。旅游合作区的建立为大新旅游发展创造了新的机遇。近年来，大新县不断加大县内各景区建设，截至2019年，大新县有3A级及以上景区9个。其中：5A级景区1个，即德天跨国瀑布景区；4A级景区5个，即大新县明仕田园景区、崇左大新德天·老木棉景区、大新龙宫仙境景区、大新县安平仙河景区、大新县大阳幽谷景区；3A级景区3个，即小灵珑景区、黑水河景区、凤凰岭景区。同时，大新县全面加快旅游基础设施建设，提升旅游品质。在旅游住宿接待设施上，截至2019年，县内共有三星级及以上酒店5家。其中：四星级酒店2家，分别为大新老木棉漫心度假酒店、维也纳国际酒店；三星级酒店3家，分别为新大新大酒店、硕龙假日酒店、大新明仕酒店。通过立足资源优势、丰富旅游业态、提升旅游配套设施、拓展旅游营销渠道，大新县旅游发展取得了良好的成绩，先后荣获“中国国际特色旅游目的地”“全国十佳生态休闲旅游城市”“国家生态旅游示范区”“广西十佳休闲旅游目的地”等多项荣誉称号。2019年，全年大新县共接待游客815万人次，实现旅游总消费64亿元。

七、靖西市

（一）靖西市概况

靖西市是广西下辖县级市，由百色市代管，于2015年8月1日撤县设立县级市。靖西市南与越南高平省茶岭县、重庆县山水相连，边境线长152.5公里，北与百色市区和云南省富宁县交界，东与天等县、大新县接壤，西与那坡县毗邻。靖西县境内有1个国家一类口岸龙邦口岸和1个国家二类口岸岳圩口岸以及多个边民互市点。

靖西市总面积3326平方公里，下辖新靖镇、化峒镇、岳圩镇、龙邦镇、湖润镇、安德镇、地州镇、禄峒镇、渠洋镇、武平镇、龙临镇11个镇和同德乡、壬庄乡、安宁乡、吞盘乡、南坡乡、果乐乡、新甲乡、魁圩乡8个乡。截至2019年末，靖西市户籍总人口约为67万人，以壮族为主，此外还有汉族、苗族、回族、瑶族、满族、蒙古族、侗族、布依族、毛南族、土家族等11个民族。靖西市是广西资源富集区，其中旅游资源、气候资源、民族文化资源、矿产资源等尤为丰富，素有气候"小昆明"之称，又有山水"小桂林"之誉，是避暑和旅游度假的胜地。

（二）靖西市旅游发展概况

靖西市溶洞、峡谷、湖泊、瀑布、森林、梯田等自然景观丰富，依托奇特的自然景观以及独特的民族文化，靖西市逐渐形成了旅游特色。2013年，靖西市被列为广西首批特色旅游名县。靖西市紧抓景点建设和升级工作，形成了丰富多彩的景区景点。截至2019年，全市共有3A级及以上景区9家。其中：4A级景区6个，分别为通灵大峡谷景区、古龙山大峡谷景区、鹅泉旅游景区、旧州景区、锦绣古镇景区、小城故事景区；3A级景区3个，分别为龙潭湿地公园、渠洋湖景区、岜蒙福峒山生态旅游景区。同时，靖西市不断完善旅游产业发展的相关配套，在旅游接待能力上，保持着充足的存量。截至2019年，靖西市有三星级及以上酒店6家。其中：四星级酒店2家，分别为华西国际大酒店、环球大酒店；3星级酒店4家，分别为喜来屋国际酒店、西雅图大酒店、靖西大酒店、靖西环球假日酒店。在旅游发展过程中，靖西市依托区位和资源特点，充分发挥生态优势，打造形式多样、特色鲜明的旅游产品，以吸引更多游客，努力将旅游的优势资源转化为经济效益。2019年，靖西市共接待游客968.71万人次，其中国内游客965.99万人次，入境游客2.72万人次。实现旅游总消费110.12 亿元，其中国内旅游总消费109.24亿元，国际旅游（外汇）消费1269.93万美元。

八、那坡县

（一）那坡县概况

那坡县位于广西西南部，东部和东北部与靖西市相连，西部与西北部与云南省富宁县接壤，南部及西南部与越南高平、河江两省接界，边境线长206.5公里，是广西陆上疆界线最长的县份之一。那坡县境内有国家一类陆路口岸平孟口岸以及平孟、念井2个边民互市点。

那坡县总面积2231.11平方公里，辖城厢镇、平孟镇、龙合镇3个镇，坡荷乡、百合乡、百南乡、德隆乡、百省乡、百都乡6个乡。截至2019年，那坡县户籍人口21.8万人，县境内生活着壮族、汉族、瑶族、苗族、彝族、么老族，是少数民族的聚居地，其中壮族是主体民族。那坡大红八角闻名遐迩，2004年被国家林业局授予“中国八角之乡”荣誉称号。

（二）那坡县旅游发展概况

那坡县旅游资源丰富，其中最为突出的是自然景观资源、民族风情资源和革命战争遗址资源。自然景观资源主要有感驮岩、老虎跳大峡谷、白云山森林公园、丹桂塔、德孚自然保护区、金三角瀑布、龙泉河、妖皇山、枕状玄武岩群、规猛瀑布、桃花小天坑等。其中，感驮岩景区为3A级景区。民族文化资源主要有黑衣壮服饰、黑衣壮歌舞、黑衣壮婚俗以及黑衣壮传统节庆如同歌节、花炮节等。革命战争遗址资源主要有那坡县烈士陵园、平孟长排山后方战场遗址、平孟自卫还击战场遗址、平孟烈士陵园、弄平古炮台、旧村哨所等。尽管那坡县旅游资源丰富，但是由于经济发展较慢，加之交通不便，旅游业起步相对较晚，旅游经济总量小。2019年，那坡县共接待游客236万人次。

九、富宁县

（一）富宁县概况

富宁县是云南省文山州下辖县，位于云南省东南部，东部和北部分别与广西百色右江、西林、田林、那坡、靖西五县（区）毗邻，西与文山州的广南、麻栗坡两县相连，南与越南河江省苗旺、同文两县接壤，是云南通往广西、广东等沿海地区的“东大门”，也是连接东南亚、南亚的重要门户。富宁县境内有国家一类口岸田蓬口岸。

富宁县总面积5352平方公里，辖新华镇、归朝镇、剥隘镇、里达镇、木央镇、田蓬镇6镇，板仑乡、谷拉乡、者桑乡、那能乡、洞波瑶族乡、阿用乡、花甲乡7乡。截至2019年末，富宁县户籍总人口为43.69万人。富宁县境内主要居住着壮族、汉族、苗族、瑶族、彝族、仡佬族6个民族。壮族人口占总人口的54.35%，汉族人口占总人口的24.56%。

（二）富宁县旅游发展概况

富宁县旅游资源丰富，素有“滇之胜境，粤地风光”之美誉，最为突出的是自然旅游资源、红色旅游资源、民族文化旅游资源。自然旅游资源有峡谷江河、高原湿地、水上森林、溶洞瀑布、云中梯田等，主要景区有花王岭创意农业园、架街生态旅游区、那耶梯田生态旅游区、坡芽山歌文化村、黄金谷农业科技生态园、驮娘江景区。红色旅游资源主要有“七村九弄”、甘帮红军洞、甘帮深仇洞、太平万人坑等战斗遗址等。民族文化旅游资源主要有国家级非遗保护项目坡芽情歌、苗族芦笙舞、瑶族铜铃舞等。富宁县旅游业起步于20世纪90年代后期，经过不断的培育和发展，现已初现雏形。2019年，富宁县共接待游客428.53万人次，旅游总收入62.1亿元。

十、麻栗坡县

（一）麻栗坡县概况

麻栗坡县是云南省文山州下辖县，位于云南省文山州东南部，东接富宁县、西邻马关县，北靠广南县、西畴县，南界越南河江省，边境线长277公里。麻栗坡县境内有国家一类口岸天保口岸。。

麻栗坡县总面积2334平方公里，辖麻栗镇、大坪镇、天保镇、董干镇4镇，猛硐乡、下金厂乡、八布乡、六河乡、杨万乡、铁厂乡、马街乡7乡。麻栗坡县有天保农场、八布农场2个国有农场。截至2019年末，麻栗坡县户籍总人口28.34万人，主要民族有汉族、瑶族、壮族、苗族、彝族、傣族、蒙古族、仡佬族等。其中,汉族所占人口比重最大。

(二)麻栗坡县旅游发展概况

麻栗坡县旅游资源丰富,特色鲜明,包含自然旅游资源、民族文化旅游资源、红色文化旅游资源。自然旅游资源以老君山自然保护区、老山、八里河东山、扣林山、者阴山等为代表。民族文化旅游资源以新寨彝族倮人民俗和猛硐苗、瑶风情为代表。红色文化旅游资源以麻栗坡烈士陵园、英雄老山圣地景区、老山支前参战陈列馆、老山主峰作战战场遗址为代表,其中,英雄老山圣地景区为3A级景区。麻栗坡县具有开展自然生态旅游、民族风情旅游、红色旅游的独特优势,但由于受历史遗留问题的影响,麻栗坡县经济发展相对缓慢,县域内旅游资源整体开发水平较低,旅游资源特色挖掘不够深入,很多景点的开发相对粗浅,县域旅游发展还处于初级阶段。2019年,全县共接待游客423.43万人次,旅游综合收入44.59亿元。

十一、马关县

(一)马关县概况

马关县为云南文山州下辖县,地处云南省东南部,东与麻栗坡县相连,并与西畴县隔盘龙河相望,南与越南老街、河江两省的箐门、新马街、黄树皮、猛康4县接壤,西南与红河州的河口、屏边2县毗邻,北与文山市交界。马关县境内有国家一类口岸都龙口岸。

马关县总面积2676平方公里,下辖马白镇、坡脚镇、八寨镇、仁和镇、木厂镇、夹寒箐镇、小坝子镇、都龙镇、金厂镇9个镇,南捞乡、大栗树乡、篾厂乡、古林箐乡4个乡。截至2019年末,马关县户籍人口38.88万人,主要民族有汉族、壮族、苗族、彝族、傣族、布依族等。其中,汉族所占人口比重最大。

(二)马关县旅游发展概况

马关县旅游资源具有小而特、小而全、小而精的特点。自然生态方面,立体生态结构优势明显。全县最低海拔123米,最高海拔2579米,相差2400余米,这是其他县域难有的明显的立体气候优势。人文风情方面,马关县是彝族聚居区，是彝族文化的发源地之一，拥有丰富的黎族特色文化资源，如彝族服饰、彝族花灯、彝族腰鼓舞、彝族民歌、彝族火把节等。此外，还有其他一些民族的文化资源，如苗族花山节、壮族六月节等。近年来，马关县充分挖掘民族文化、自然风光等各类旅游资源，加大景区开发力度。截至2019年，马关县有马洒东西南北旅游村景区、老董寨兜阳文化旅游村景区2个3A级景区，以及罗家坪红色文化旅游景区、阿峨新寨民族版画旅游村景区、小马固新寨傣文化旅游村景区3个2A级景区。2019年，全县共接待国内外游客188.17万人次，旅游综合收入22.55亿元。

十二、河口县

（一）河口县概况

河口县是云南红河哈尼族彝族自治州下辖县，地处红河哈尼族彝族自治州东南部，东北与文山壮族苗族自治州马关县接壤，西隔红河与金平苗族瑶族傣族自治县相望，北靠屏边苗族自治县，南与越南老街省相邻，边境线长193公里。河口县交通非常便利，滇越铁路、昆河公路、红河航道在此形成枢纽与越南对接。河口县境内有中越边境云南段最大的国家一类口岸河口口岸，是云南省乃至西南地区通向东南亚、南太平洋最便捷的陆路通道。

河口县总面积1332平方公里，下辖河口镇、南溪镇2个镇，老范寨乡、桥头苗族壮族乡、瑶山乡、莲花滩乡4个乡。河口县有河口农场、坝洒农场、南溪农场、蚂蝗堡农场4个国有农场。截至2019年末，河口县户籍人口11.02万人，包括瑶族、苗族、壮族、傣族、彝族、布依族等民族，其中瑶族人口比例最大，是云南省唯一一个以瑶族为主体的自治县。

（二）河口县旅游发展概况

河口县旅游资源丰富，分布广泛，类型多样。河口县拥有花鱼洞、南溪河、龙戈洞等秀丽多姿的自然旅游资源，河口海关旧址、古炮台遗址等悠久厚重的历史文化遗迹旅游资源，瑶族、壮族、苗族等绚烂多姿的民族风情旅游资源，河口口岸、边贸集市、越南街等异域风情的边境文化旅游资源等，具有发展边境旅游得天独厚的资源优势。近年来，随着河口县进出口贸易日益扩大，旅游业也迎来了新的发展机遇。在新的发展背景下，地方政府越来越重视旅游发展，旅游业不断转型升级，旅游发展保持稳中向好的态势。当前，河口县旅游业处于发展阶段，旅游者不断增长，基础设施不断完善，旅游项目不断增多。2019年全年，河口县共接待国内外游客672.92万人次，旅游总收入78.48亿元。

十三、金平县

（一）金平县概况

金平县是云南省红河哈尼族彝族自治州下辖的一个自治县，位于红河哈尼族彝族自治州南部，西接绿春县，北连元阳县并隔红河与个旧市、蒙自市为邻，东隔红河与河口瑶族自治县相望，南与越南老街省及莱州省接壤，县城距边境直线距离7.5公里。金平县境内有国家一类口岸金水河口岸。

金平县总面积3677平方公里，辖金河镇、金水河镇2个镇，勐拉乡、者米拉祜族乡、铜厂乡、营盘乡、老勐乡、老集寨乡、阿得博乡、沙依坡乡、大寨乡、勐桥乡、马鞍底乡11个乡。金平县是一个由多民族构成的少数民族自治县，世居苗族、瑶族、傣族、哈尼族、彝族、汉族、壮族、拉祜族、布朗族9个民族，少数民族人口占88.02%。截至2019年底，金平县户籍人口39.5万人，其中少数民族人口34.77万人。

（二）金平县旅游发展概况

金平县自然人文旅游资源丰富。自然旅游资源主要有勐拉温泉、哈尼梯田、分水岭原始森林、西隆山、五台山、勐坪温泉等。红色旅游资源主要有金平烈士陵园、金平烈士纪念馆、金水河口岸。民族文化旅游资源方面，金平县是苗族、瑶族、傣族自治县，民族节庆众多，最主要的有苗族花山节、瑶族盘王节、傣族泼水节。尽管金平县旅游资源丰富，但由于地理位置偏远，旅游资源的分布较为分散，旅游资源并未得到充分的挖掘和利用，旅游业的整体发展水平偏低。2019年全年，金平县共接待国内外游客137.47万人次，其中入境游客8.37万人次，国内游客129.1万人次，旅游总收入18.91亿元。

十四、绿春县

(一)绿春县概况

绿春县为云南红河州下辖县,地处云南省南部,红河州西南部,东与元阳、金平两县接壤,北与红河县相连,西北倚墨江县,西南隔李仙江与江城县相望,东南与越南莱州省勐碟县接壤,国境线长153公里。1958年建县时,时任国务院总理周恩来依据绿春境内“青山绿水,四季如春”的特点,定名为绿春。

绿春县总面积3096.86平方公里,辖4镇5乡,分别为大兴镇、牛孔镇、大黑山镇、平河镇和大水沟乡、半坡乡、骑马坝乡、戈奎乡、三猛乡。截至2019年末,绿春县户籍人口24.6万人。绿春县内居住着哈尼族、彝族、傣族、瑶族、拉祜族、苗族、白族、壮族、回族、傈僳族、土族、汉族等18个民族,其中哈尼族、彝族、傣族、瑶族、拉祜族和汉族是世居民族,哈尼族占 87.5%,是全国哈尼族比例最高的县。

(二)绿春县旅游发展概况

绿春县是一个以哈尼族为主体的边疆山区县,是哈尼族原始宗教文化的起源地,素有“生态绿春”“滇南春城”之称。绿春县拥有以黄连山国家级自然保护区为主体的得天独厚的自然生态资源以及以哈尼梯田农耕文化为主体的底蕴深厚的民族传统文化资源。尽管拥有丰富的自然生态资源以及独特的民族文化资源,但由于受到区位、交通、经济等因素的影响,绿春县旅游资源的挖掘深度和广度明显不足,旅游业还处于起步阶段,旅游产业开发相对薄弱。2019年,绿春县全年接待国内外游客40.64万人次,其中接待国际游客0.09万人次,接待国内游客40.55万人次。全县实现国际旅游(外汇)收入70.1万美元,国内旅游收入78626万元。

十五、江城县

(一)江城县概况

江城县位于云南省南部,东与红河州绿春县为邻,东南与越南接壤,南与老挝交界，西与西双版纳州勐腊县、景洪市毗邻，西北与思茅区、宁洱县相连，北与墨江县隔江相望。因李仙江、曼老江、勐野江三江环绕，故名江城。江城县与越南、老挝两国的边境线长达183公里，是云南省唯一与越南、老挝两个国家接壤的县城，素有"一城连三国""一眼望三国"和"转身走三国"的美誉。

江城县总面积3544平方公里，辖5镇2乡，人口12万多人，聚居哈尼族、彝族、傣族、瑶族、拉祜族、汉族等25个民族，是一个以哈尼族、彝族为主体的多民族聚居县。

（二）江城县旅游发展概况

江城县旅游资源丰富，拥有8个主类，24个亚类，58个基本类型和211处典型旅游资源单体。景观结合度高，山、水、林、洞、峡、潭、温泉等各种要素有机组合，形成江城独特的山水风光资源，自然风光、历史文化、边地文化、民族风情、建筑设施等各具特色。主要旅游资源有整董镇城子三寨、十层大山、曼滩傣族古村寨、龙富边贸街、勐康口岸、民族节庆等。《2019年国民经济和社会发展统计公报》数据显示，2019年，江城县接待游客206.85万人次，实现旅游总收入19.93亿元。2019年底，全县拥有星级饭店3家，国家级AA级景区1个，国际国内旅行社2家，开通了普洱市经勐康口岸出入境至老挝丰沙里省、乌多姆赛省、琅勃拉邦省的5条边境旅游公路。

第四章 中越边境县域旅游竞争力评价指标构建

第一节 中越边境县域旅游竞争力影响因素

一、内在因素

（一）旅游资源

旅游资源是中越边境县域旅游业发展的前提和基础，中越边境旅游资源的数量、质量及吸引力直接影响游客人数、游客的需求层次、游客的消费意愿，资源越丰富、质量越高、差异性越大，游客吸引力就越强，竞争力也就越强。中越边境旅游资源包括自然风景旅游资源、人文景观旅游资源和边境口岸资源。自然风景旅游资源主要包括高山、峡谷、江河、海滩、温泉、湖泊、森林、野生动植物等。人文景观旅游资源主要包括民族风情、古建筑、历史文化古迹、饮食、购物、文化艺术和体育娱乐及现代建设新成就等。边境口岸资源主要是指口岸本身的吸引力，口岸作为中越两国政治、经济、文化相互交融的区域，其本身的吸引力也是吸引游客的重要因素。

（二）自然环境

旅游是人们离开自己常住的环境到新的环境体验的一种活动。旅游活动必须建立在自然环境基础之上，边境是大多数人日常较少接触的区域，边境的自然环境在边境旅游活动中显得尤为重要。水、大气、气候、土壤、太阳辐射等都是自然环境的构成要素，也是游客抵达中越边境县域后可以直接体验和感受到的，舒适的自然环境是中越边境县域旅游业持续发展和保持竞争力的重要因素。

（三）区位交通

旅游活动的开展依赖于旅游者空间的位移。交通是旅游者从自身所在地到旅游目的地移动的重要衔接要素，游客是否能方便、快捷地到达旅游目的地是游客选择旅游目的地考虑的重要因素。因此，旅游区位交通是影响中越边境县域旅游竞争力的重要因素，其在宏观上影响着旅游开发的时序，在微观上影响着旅游开发的条件和水平。良好的地理区位、优越的交通条件能够提高中越边境县（市、区）与外界信息、物质的交换能力，有效减少游客前往旅游目的地的时间成本，提高游客选择的概率，进而提高自身的旅游竞争力。旅游区位交通因素包括中越边境县（市、区）在整个区域中所处的位置，其与经济核心区的距离，以及中越边境县（市、区）的对外可达性和内部道路连通程度等。口岸也是中越边境县域旅游区位交通的重要组成部分。

（四）旅游组织结构

旅游组织结构是指旅游各相关行业、企业部门之间的组织关系及规模大小等，主要包括旅游观赏娱乐业、餐饮住宿业、旅行社业、旅游交通业、旅游商品生产与销售公司等。旅游组织结构是中越边境县域旅游竞争力的微观基础，它从三个方面影响着中越边境县域旅游竞争力：一是旅游行业组织机构。旅游行业组织是政府与企业之间的中介组织，负责协调政府管理之外的事务，属于民间社会团体。旅游行业组织的建立有利于加强中越边境县域旅游行业的沟通与协作，实现行业自律，促进边境县域旅游行业的发展。中越边境部分县（市、区）已建立了旅游行业组织，如大新县旅游协会、靖西市锦绣古镇旅游商品协会。二是旅游企业规模结构。旅游企业规模结构是指同类旅游企业的大、中、小型比例关系。由于旅游者需求不同，为迎合不同游客的需求，县域旅游企业也会呈现出不同的规模，以协调企业与旅游者之间的供求关系。因此，在县域内，大、中、小型旅游企业并存是客观的、必然的。只有在各类旅游企业的规模结构合理的情况下，中越边境县域旅游才能得以更好的发展。 三是旅游企业的内部组织结构。旅游企业有相应的内部组织结构，不同类型、不同性质、不同规模、不同经营方式的旅游企业,其内部组织结构可能各不相同。合理的组织结构有利于提升旅游企业的管理水平和服务水平,进而扩大客源市场,提高生产效率和经营效益。

(五)经济发展水平

旅游业是一个关联性较强的产业,要保证旅游活动的正常开展,必须拥有一定的基础设施和服务接待设施,如交通、餐饮、住宿、娱乐、通信、供水供电等。一般来说,一个地区经济发展得好,交通便捷,基础设施完善,文化教育业发达,则其旅游业具有较强的发展竞争力,因为便捷的基础设施和服务设施能够为旅游者提供更好的服务体验,能够吸引更多的旅游者。如果基础设施和服务接待设施不完善,将减少对游客的吸引力,影响旅游整体竞争力。此外,县域的经济发展水平也在一定程度上决定着旅游消费的规模和层次,影响着县域旅游收入,进而影响县域旅游竞争力。

(六)旅游人力资源

随着经济快速发展,人们生活质量不断提高,旅游者的需求逐渐多样化,旅游追求逐渐品质化,边境县域旅游仅仅凭借旅游资源吸引游客已经不能满足旅游者的需求,以人才为基础的个性化优质服务在旅游业竞争中发挥着越来越重要的作用。中越边境县域旅游必须凭借人才这一旅游生产要素才能获得更高层次的旅游竞争力,人力资源在提升中越边境县域旅游竞争力的过程中发挥着十分重要的作用。旅游人力资源是旅游业在发展过程中不断投资与积累所形成的,是指从事与旅游业有直接关系并影响着旅游业发展的人员。中越边境县域旅游发展的后劲源于旅游人力资源的状况,包括旅游人力资源的供给数量、道德观念、文化素质、技术水平等,要保持中越边境县域旅游的持久竞争力,就需要在人力资源方面下功夫,通过各种方式和手段培养和引进旅游人才,在保证旅游人力资源数量的同时,全面提升旅游人力资源的质量。

二、外在因素

(一)旅游市场需求

旅游市场需求主要是指旅游者对旅游资源和旅游产品的需求情况。

旅游市场需求与旅游者的经济能力、旅游消费偏好有很大的关系。旅游者经济能力强，其到中越边境县域旅游的消费水平则相对比较高。旅游者出游的时间长，选择的旅游产品高端，其为中越边境县域旅游带来的经济效益就越明显。旅游市场需求可以帮助中越边境县域结合市场需求创新旅游产品，提高旅游产品的质量和附加值，生产出更符合游客需求偏好的旅游产品，提升中越边境县域旅游竞争力。旅游市场需求既是中越边境县域旅游竞争力提高的结果，又是中越边境县域旅游进一步提高的前提条件。

（二）政府政策支持

政府是旅游发展的宏观调控者。政府政策支持是中越边境县域旅游竞争力提升不可或缺的力量。首先，从国家及省域的宏观层面看，旅游政策对中越边境旅游发展的基本格局产生决定性的影响，如国务院下发的《关于加快沿边地区开发开放的若干意见》《沿边地区开放开发规划(2012—2020)》以及《关于支持沿边重点地区开发开放若干政策措施的意见》等，为边境旅游发展的动力整合做出了必要的政策铺垫，为边境旅游发展提供了良好的环境。其次，从中观的县（市、区）层面看，政府制定的旅游发展规划、旅游招商引资政策、旅游社区参与政策等，能够为边境县（市、区）旅游发展提供战略指导，为边境县（市、区）旅游发展创造稳定的环境。再次，从微观的旅游企业层面看，政府通过优化资源配置，增强旅游企业发展活力，为边境县（市、区）旅游竞争力的提升提供基础保障。各级政府的政策支持，对边境县（市、区）旅游发展起到无可取代的助推作用。

（三）边境贸易因素

边境贸易是影响边境旅游竞争力的重要因素。一方面，边境贸易能够促进边境县（市、区）经济的发展；另一方面，发展边境贸易能够为边境县（市、区）带来客源，尤其是入境客源。这两方面都直接关系到中越边境县域旅游的发展。中越边境贸易发展得越好，中越边境县（市、区）经济就越繁荣，旅游发展的条件就越充分；中越两国边境贸易联系越紧密，出入境人员的流动就越大，旅游活动越活跃，边境旅游竞争力就越强。可见，边境贸易对旅游发展有着积极的促进作用。

（四）边境治安因素

边境旅游是一种相对特殊的旅游形式，由于边境地区地理位置的特殊性，边境安全问题成为边境旅游发展需要重点关注的问题。治安安全是中越边境县域旅游发展的前提和基本保障。边境地区的安全隐患主要来自以下几个方面：第一，民族观念冲突所导致的安全问题。陆路边境地区大部分为少数民族聚集区，不同民族有着不同的民族文化、宗教信仰、生活习惯和价值观念，这些差异都有可能成为旅游安全事件的导火索。第二，经济利益驱使导致的安全问题。部分边境地区经济基础薄弱，发展落后，为谋求生计，可能会产生一些不法获取利益行为。第三，管理上存在难度导致的安全问题。我国边境线漫长，且边境的地势复杂多变，有高山也有海洋，全线管控成本高、难度大，受自然、人力以及技术等条件的限制，边境地区存在一定的管控盲点，这些管控盲点给边境地区造成一定的安全隐患。边境地区的安全性会影响旅游者对边境旅游的满意度，影响游客的重游意向和推荐意向，进而影响边境旅游城市的旅游形象和旅游竞争力。只有构建安全的旅游环境，才能激发游客的旅游意愿，提升游客的满意度，促进边境旅游合理有序发展。

第二节 国内主要县域旅游竞争力评价指标体系

县作为具有相对独立性和完整性的基础行政区域，其旅游开发是区域旅游系统中的基础层次，在我国旅游业发展格局中，也是一个非常重要的关键层次。我国一些学者对县域旅游进行了研究，构建了县域旅游竞争力评价指标体系，以下列举国内具有代表性的县域旅游竞争力评价指标体系。

张河清等选取5个一级指标、18个二级指标，构建了广东省县域旅游竞争力评价体系，如图4-1所示。

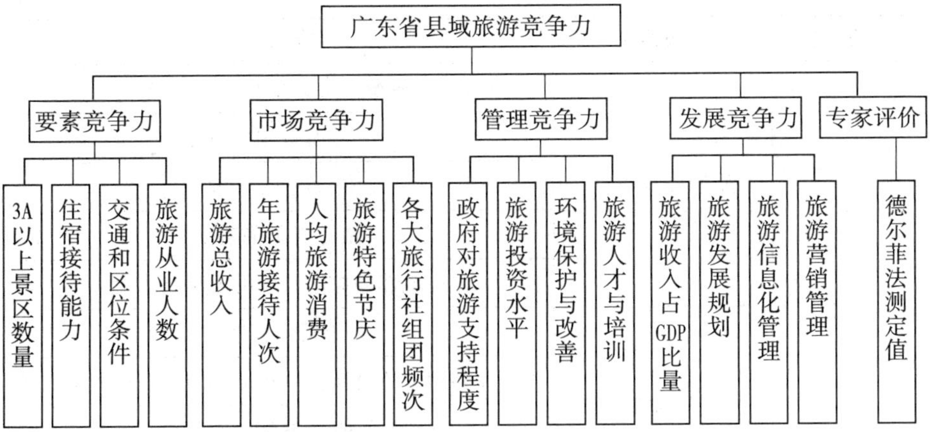

图4-1　广东省县域旅游竞争力评价体系

时雨晴等选取3个一级指标、2个二级指标和63个三级指标，构建中国陆地边境县域旅游竞争力评价指标体系，如表4-1所示。

表4-1　边境县域旅游竞争力评价指标体系

一级指标	二级指标	三级指标
边境旅游发展基础条件竞争力	旅游自然人文环境基础	大气质量二级以上天数
		生态重要性
		建成区绿化覆盖率
		少数民族所占的比例
	旅游区位交通条件	距离省会城市的距离
		距离4A级以上旅游景区的距离
		距离民用机场的距离
		人均年客运总量
		全社会客源周转量
		等级公路铁路网密度
		毗邻国最近城市的规模
		边境口岸数量
		航运码头状况

续表

一级指标	二级指标	三级指标
边境旅游发展基础条件竞争力	旅游资源条件	旅游资源数量与质量等级
		旅游资源特色
		旅游资源丰度
		旅游资源垄断度
		边境邻国旅游资源的质量与丰度
	开放度	外贸依存度、
		年实际利用外资总额占全社会固定资产投资的比重
		外汇收入占GDP的比重
		政策开放程度(政治的不可抗力)
	政府作用	边境开发政策的持续保障
		边境旅游基础设施投入
		边境社会治安
		政府旅游投资水平
	社会经济条件	地区生产总值
		人均地区生产总值
		第三产业增加值占 GDP 比重
		城市居民人均可支配收入
		万人拥有医生数量
		万人拥有公共图书藏书量
		全员劳动生产率
	旅游服务设施条件	旅行社数量
		国际旅行社数量
		旅游星级宾馆数量
		旅行社固定资产投资
		旅游饭店固定资产投资
边境旅游发展现状竞争力	旅游市场竞争力	国内游客人数
		入境游客人数

续表

一级指标	二级指标	三级指标
边境旅游发展现状竞争力	旅游市场竞争力	旅游业总收入
		旅行社营业收入
		旅游饭店营业收入
		旅游总收入占GDP比重
		旅游总收入相当于第三产业增加值比重
		旅游业外汇收入占旅游总收入比重
		市场知名度
		游客满意度
		旅游景区开放数量
	旅游经济影响	旅游业全员劳动生产率
		旅行社百万元固定资产创营业收入
		旅游饭店百万元固定资产创营业收入
边境旅游发展潜力竞争力	经济发展潜力	财政收入增长速度（旅游软硬环境改善的速度）
		人均收入增长速度（旅游需求及其结构的变化）
		近5年城市GDP增长率
		边境两国合作潜力
	潜在旅游资源	待改善的旅游资源
		未开发的旅游资源
	旅游业发展速度	旅游总人次年均增长率
		旅游总收入年均增长率
		旅行社数量年均增长率
		饭店数量年均增长率
		旅行社营业收入年均增长率
		旅游饭店营业收入年均增长率

李春莹等选取5个一级指标、19个二级指标，构建县域全域旅游竞争力评价指标体系，如图4-2所示。

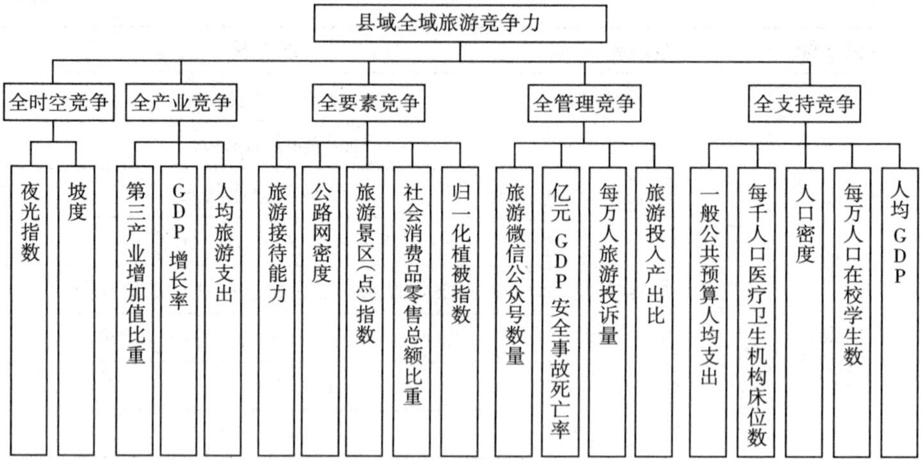

图4-2 县域全域旅游竞争力评价指标体系

何志明等选取了3个一级指标所示、7个二级指标、38个三级指标，构建县域旅游竞争力评价指标体系，如表4-2所示。

表4-2 县域旅游竞争力评价指标体系

一级指标	二级指标	三级指标
旅游资源产品竞争力	旅游资源竞争力	旅游资源品位度
		市级以上风景名胜区面积
		市级以上森林公园面积
		夏季最热月避暑气候区面积
		夏季最热月避暑气候适宜性
	旅游产品竞争力	旅游产品品味度
市场服务竞争力	旅游市场竞争力	旅游业多年平均总收入
		多年平均接待国内外游客总数
	旅游服务竞争力	星级酒店数量
		星级酒店房间数
		星级酒店床位数
		旅行社数量

续表

一级指标	二级指标	三级指标
旅游保障竞争力	交通及区位条件竞争力	景区距离主城区时间
		景区距离最近高速公路出入口时间
		景区距离最近区县城区时间
		景区距离最近机场所在城市时间
		邮轮或高铁站点设置
	经济发展支持力	地区人均GDP
		城镇居民人均可支配收入
		消费品零售总额
		固定资产投资额
	生态持续竞争力	水土流失程度
		石漠化程度
		景区森林覆盖率
		景区植被覆盖度

付智等通过选取6个一级指标、24个二级指标，构建县域旅游竞争力综合评价体系，如表4-3所示。

表4-3 县域旅游竞争力综合评价体系

一级指标	二级指标
旅游要素力	城市城区绿化覆盖率
	人均公园绿地面积
	森林覆盖率
	自然保护区占辖区面积比重
	空气质量指数
	3A以上景区数
	全域旅游示范区创建单位
旅游市场力	旅游收入
	接待游客数

续表

一级指标	二级指标
旅游服务力	旅行社数
	星级饭店数
	客运周转量
旅游发展力	旅游收入贡献度
	地区生产总值
	城镇居民可支配收入占GDP比重
	财政总收入占比
旅游管理力	生活垃圾无害化处理率
	城镇生活污水处理率
	生态保护和环境治理投资
	旅游信息化管理(信息化传输、软件和信息技术服务业)
旅游吸引力	旅游搜索量
	微信传播力指数

第三节 方法选择

学者们对县域旅游竞争力评价的方法比较多,时雨晴(2018)采用变异系数分析法、Pearson相关分析法、主成分分析法对中国陆地边境县域旅游竞争力进行评价研究。赵伟等(2017)采用主成分分析法和探索性空间分析法对福建省县域乡村旅游竞争力进行评价研究。李少游(2009)采用层次分析法对桂黔湘边区民族县域旅游竞争力进行评价研究。何志明等(2018)采用层次分析法对重庆市县域旅游竞争力进行评价研究。张河清等(2015)通过构建县域旅游竞争力评价指标体系,运用因子分析法,对广东省县域旅游竞争力进行定量评价分析。李玉婷和朱胜慧(2017)利用SPSS软件中的因子分析法对重庆市各区县旅游竞争力作出了定量评价和比较研究。李文龙(2017)采用层次分析法对内蒙古自治区101个旗、县、区旅游竞争力进行评价分析。从国内学者关于县域旅游竞争力的评价来看,采用的方法多为层次分析法、因子分析法、主成分分析法、聚类分析法。综合学者们选择的研究方法，本书运用因子分析法对中越边境15个县（市、区）的旅游竞争力进行评价和比较研究，以竞争力综合得分对15个县（市、区）进行排名，并结合竞争力得分情况对中越边境县域旅游竞争力进行分类。

第四节 构建原则

边境县域除了具有普通县域旅游特点，还具有特殊的地域空间特点，对边境县域旅游竞争力的评价要突出其特点，将边境口岸数量、通关能力等纳入评价指标，实现全面评价。中越边境县域旅游竞争力评价指标体系的构建应遵循科学性、系统性、可操作性、层次性、客观性的原则。

一、科学性原则

中越边境县域旅游竞争力评价指标的构建，必须建立在科学的基础上，突出边境县域与非边境县域的差异，客观真实地反映被评价县域旅游市场竞争力和可持续发展能力。

二、系统性原则

边境县域是具有相对独立性和完整性的基础行政区，是机构齐全、功能完备的有机体系。县域旅游是由相互作用和相互依赖的经济要素结合而成的有机整体，各要素之间关系密切。构建中越边境县域旅游竞争力评价指标体系，必须综合兼顾各要素，全面反映中越边境各县（市、区）旅游竞争力。

三、可操作性原则

中越边境县域旅游竞争力评价指标的选取要具有可量化性和可行性。对于定性指标要做到可间接量化，对于定量指标要做到可直接量化，为数据分析奠定基础。同时，要求指标数据容易获取，易于分析计算。

四、层次性原则

由于构成边境县域旅游竞争力的要素很多，指标体系需要具有层次性，并按照层次的高低和作用的大小层层细分，不仅可以反映出指标体系的内在关联性以及每个指标对边境县域旅游竞争力的贡献程度，而且有利于对边境县域旅游竞争力开展综合评价。

五、客观性原则

中越边境县域旅游竞争力评价指标体系的构建一定要建立在客观性的原则上，要尊重研究区域地理位置的客观性，所选取的指标要具有代表性，能客观反映研究区域的特征，从而使评价结果能更客观、更真实。

第五节 体系建立

边境县域旅游竞争力综合评价，应以全方位、应量化性的指标体系反映边境县域社会经济协调发展的旅游总价值。边境县域旅游竞争力受到诸多因素的影响，通过归纳整理国内外关于旅游竞争力和县域旅游竞争力评价的研究文献，在遵循科学性、系统性、可操作性、层次性、客观性原则的基础上，采用德尔菲法构建评价指标体系。

一、中越边境县域旅游竞争力指标初选

通过查阅文献资料，梳理学者们提出的县域旅游竞争力的指标构成，结合边境县域旅游的特征，初步构建了中越边境县域旅游竞争力评价指标体系，该指标体系包括3个基本层次，即目标层、要素层、指标层，初步拟定1个目标，5个要素，17个指标（见表4-4）。

表4-4 中越边境县域旅游竞争力评价指标体系

A目标	B要素	C指标	单位
中越边境县域旅游竞争力评价指标体系	B_1旅游资源竞争力	C_1 3A级以上景区	个
		C_2旅游资源丰度	个/千平方公里
		C_3旅游资源品位度	分
	B_2旅游市场竞争力	C_4旅游收入	亿元
		C_5游客接待数	万人
		C_6人均旅游消费	元/人

续表

A目标	B要素	C指标	单位
中越边境县域旅游竞争力评价指标体系	B_3旅游发展竞争力	C_7地区生产总值	亿元
		C_8旅游收入占GDP比重	%
		C_9居民可支配收入占GDP比重	%
		C_{10}社会消费品零售总额	亿元
		C_{11}住户储蓄存款余额	万元
	B_4旅游接待竞争力	C_{12}旅行社数量	家
		C_{13}三星级以上饭店数量	家
		C_{14}第三产业从业人数	人
	B_5边境口岸竞争力	C_{15}国家一类陆路口岸数量	个
		C_{16}出入口岸人数	万人
		C_{17}边境线长	公里

二、中越边境县域旅游竞争力指标筛选

在初步选取指标的基础上制作专家咨询表，咨询表由“指标重要性评价”和“指标修改建议”两部分组成。共邀请25位专家对17个三级指标的重要程度进行打分评价，按照李克特五级量表，5代表非常重要、4代表重要、3代表一般、2代表不重要、1代表非常不重要。对25位专家填写的咨询表进行整理，分别计算出各指标的平均值(X)、标准差(S)和变异系数(V)，计算结果如表4-5所示。

表4-5　各指标统计结果

A目标	B要素	C指标	平均值 X	标准差 S	变异系数 V
中越边境县域旅游竞争力评价指标体系	B_1旅游资源竞争力	C_1 3A级以上景区	4.88	0.32	0.07
		C_2旅游资源丰度	4.76	0.43	0.09
		C_3旅游资源品位度	4.80	0.40	0.08
	B_2旅游市场竞争力	C_4旅游收入	4.88	0.32	0.07
		C_5游客接待数	4.72	0.53	0.11
		C_6人均旅游消费	4.84	0.37	0.08

续表

A目标	B要素	C指标	平均值 X	标准差 S	变异系数 V
中越边境县域旅游竞争力评价指标体系	B_3旅游发展竞争力	C_7地区生产总值	4.64	0.56	0.12
		C_8旅游收入占GDP比重	4.32	0.47	0.11
		C_9居民可支配收入占GDP比重	4.56	0.50	0.11
		C_{10}社会消费品零售总额	4.28	0.45	0.10
		C_{11}住户储蓄存款余额	4.40	0.49	0.11
	B_4旅游接待竞争力	C_{12}旅行社数量	4.56	0.51	0.11
		C_{13}三星级以上饭店数量	4.68	0.47	0.10
		C_{14}第三产业从业人数	4.20	0.49	0.12
	B_5边境口岸竞争力	C_{15}国家一类陆路口岸数量	4.32	0.61	0.14
		C_{16}出入口岸人数	4.28	0.60	0.14
		C_{17}陆地边境线长	4.16	0.61	0.15

（一）调查数据分析

通过对调查数据进行统计分析得出，17个指标的平均值X在4.16至4.88之间，所有指标的平均值均大于3.5，说明所有指标的重要程度都比较高。各指标的变异系数V在0.09至0.15之间，根据变异系数的数值界定，变异系数在0至0.15之间为小变异，在0.16至0.35之间为中等变异，大于0.36则为高度变异，说明专家对各指标的打分评价较为一致，数据有效。

（二）专家建议分析

结合专家建议，删除"旅游收入占GDP比重"这一指标。主要原因：在"旅游市场竞争力"要素中有"旅游收入"指标，在"旅游发展竞争力"要素中有"地区生产总值"指标，再加入"旅游收入占GDP比重"这一指标，数据上交叉重复。

结合专家建议，将"居民可支配收入占GDP比重"这一指标更改为"居民人均可支配收入"。主要原因："居民人均可支配收入"能更确切地反映一个地区的居民旅游消费能力。

(三)中越边境县域旅游竞争力评价指标的确定

结合专家对各指标的评价以及提出的修改建议,删除"旅游收入占GDP比重"这一指标,最终确定的指标体系包含1个目标,5个要素,16个指标(见表4-6)。

表4-6 中越边境县域旅游竞争力评价指标体系

A目标	B要素	C指标	单位
中越边境县域旅游竞争力评价指标体系	B_1旅游资源竞争力	C_1 3A级以上景区	个
		C_2旅游资源丰度	个/千平方公里
		C_3旅游资源品位度	分
	B_2旅游市场竞争力	C_4旅游收入	亿元
		C_5游客接待数	万人
		C_6人均旅游消费	元/人
	B_3旅游发展竞争力	C_7地区生产总值	亿元
		C_8居民人均可支配收入	元
		C_9社会消费品零售总额	亿元
		C_{10}住户储蓄存款余额	万元
	B_4旅游接待竞争力	C_{11}旅行社数量	家
		C_{12}三星级以上饭店数量	家
		C_{13}第三产业从业人数	人
	B_5边境口岸竞争力	C_{14}国家一类陆路口岸数量	个
		C_{15}出入口岸人数	万人
		C_{16}陆地边境线长	公里

三、指标说明

(一)旅游资源竞争力指标

$C_1$3A级以上景区:根据《旅游景区质量等级的划分与评定》,被授予3A以上(含3A)等级的旅游景区数量。旅游景区的数量能直观反映出县域旅游资源的多寡。

C_2旅游资源丰度:县域旅游资源的密度。旅游资源丰度是度量一个区域旅游资源开发潜力、丰富程度的重要指标之一，也是对一个旅游地进行开发建设和可行性论证的科学依据。

C_3旅游资源品位度：依据县域旅游景区的等级5A、4A、3A、2A、A，分别对应赋予分值5分、4分、3分、2分、1分，经公式（旅游资源品位度=5A景区数×5+ 4A景区数×4+3A景区数×3+2A景区数×2+A景区数×1）计算而得。旅游资源品位度反映出旅游资源质量情况。

（二）旅游市场竞争力指标

C_4旅游收入：县域旅游接待部门2019年通过销售旅游产品、商品而获得的全部货币收入。旅游收入是衡量县域旅游市场发展程度和旅游经济效益的重要指标。

C_5游客接待数：县域2019年接待国内外游客的数量。旅游接待数量反映出县域旅游受欢迎的程度。

C_6人均旅游消费：游客在县域进行旅游活动的平均消费。人均旅游消费反映该县域在一定时期内旅游消费的强度和水平，游客消费水平的高低能够反映出市场竞争力的强弱。

（三）旅游发展竞争力指标

C_7地区生产总值：县域所有常住单位在一定时期内生产的所有最终产品和劳务的价值总和。地区生产总值是衡量县域总体经济情况的重要指标。

C_8居民人均可支配收入：县域居民可用于最终消费支出、其他非义务性支出和储蓄的总和，即居民可用于自由支配的收入。居民人均可支配收入能够衡量县域生活水平。

C_9社会消费品零售总额：县域企业(单位)通过交易售给个人和社会集团非生产、非经营用的实物商品金额，以及提供餐饮服务所取得的收入金额。社会消费品零售总额是反映地区经济景气程度的重要指标。

C_{10}住户储蓄存款余额：一定时期内县域居民在各种储蓄机构储蓄的总金额，包括城镇居民个人储蓄和农村居民个人储蓄两部分。住户储蓄存款余额是体现县域经济发展水平的一个方面。

(四)旅游接待竞争力指标

C_{11}旅行社数量:县域国际旅行社和国内旅行社数量总和(含门市部)。旅行社的主要业务是为旅游者代办出境、入境、签证手续,招徕、接待旅游者,为旅游者安排食宿等,旅行社数量反映出县域旅游的接待能力。

C_{12}三星级以上饭店数量:根据《中华人民共和国星级酒店评定标准》,被评定为三星级以上(含三星级)饭店的数量。三星级以上饭店数量能够反映县域住宿接待水平。

C_{13}第三产业从业人数:县域从事服务业的人数。旅游业属于第三产业,即服务业,旅游业的关联性很强,旅游活动的开展需要直接和间接从事旅游工作的人员共同付出才能正常进行。

(五)边境口岸竞争力指标

C_{14}国家一类陆路口岸数量:国家批准的,允许中国籍和外国籍人员、货物、物品和交通工具直接出入国(关、边)境的陆地口岸。国家一类陆路口岸是边境县域入境旅游发展的有利条件。

C_{15}出入口岸人数:通过县域一类陆路口岸出境和入境的人数总和。出入口岸人数反映出口岸的繁荣程度。

C_{16}陆地边境线长:中越边境各县(市、区)与越南的交界,包含陆地边境线和海岸线。

第六节 数据来源

研究数据来源于中国县域统计年鉴;国民经济和社会发展统计公报;广西壮族自治区文化和旅游厅网站;中国旅游统计年鉴;中国统计年鉴;中国口岸年鉴;中国国家统计局网站;各县政府门户网站;各县旅游局网站;各县地方统计年鉴;各县县志。

需要指出的是,指标体系中的大部分指标数据可以由上述文件中直接获取,而一些指标需要借鉴已有的公式计算而得。选取2019年数据进行分析。

第五章 中越边境县域旅游竞争力分析

第一节 综合竞争力分析

为计算各边境县(市、区)旅游竞争力综合排名情况,采用因子分析法,对收集到的中越边境县域旅游竞争力16个评价指标数据进行分析,进而计算出各边境县(市、区)的综合得分。

一、因子分析法的基本思想

因子分析法的基本思想是将观测变量进行分类,将相关性较高,即联系比较紧密的分在同一类中,不同类变量之间的相关性则较低,每一类变量实际上就代表了一个基本结构,即公共因子。因子分析的目的就是减少变量的数目,用少数因子代替所有变量去分析整个经济问题,从而达到浓缩数据,以小见大,抓住问题本质和核心的目的。根据因子分析法的基本原理,要使用因子分析法进行分析,要求各变量之间存在较为密切的联系。KMO值就是检验变量相关系数的指标,它的数值介于0到1之间。通常认为,KMO大于0.5,就适合于采用因子分析法。经检验,原始变量数据适合使用因子分析法。

二、提取公因子

提取公因子是因子分析的重要一步,运用SPSS统计分析软件,对收集到的数据进行研究。SPSS 具备对原始数据自动标准化的功能,在录入原始数据后,通过主成分的抽取方法,在特征值大于1的前提下抽取样本的公因子。因子所对应的方差贡献度描述的是该因子能够反映的原始数据量的大小。通过SPSS计算输出的总方差解释如表5-1所示。

按照因子提取中的主成分法默认的特征值大于1的提取原则，累计方差贡献率达到80%以上，说明公因子保留了原始数据的大部分信息，提取效果较好。共有5个因子的初始特征值是大于1的，其余因子的特征值越来越小，对累计贡献的作用越来越小，所以前面 5 个主成分因子已经包含了原始数据大部分的信息，因子提取是合理的。

表5-1　总方差解释

成分	初始特征值			提取载荷平方和			旋转载荷平方和		
	总计	方差百分比(%)	累积(%)	总计	方差百分比(%)	累积(%)	总计	方差百分比(%)	累积(%)
1	6.826	42.663	42.663	6.826	42.663	42.663	4.074	25.463	25.463
2	3.518	21.987	64.650	3.518	21.987	64.650	3.021	18.883	44.346
3	2.062	12.889	77.539	2.062	12.889	77.539	2.842	17.764	62.110
4	1.765	11.028	88.567	1.765	11.028	88.567	2.700	16.875	78.985
5	1.018	6.365	94.932	1.018	6.365	94.932	2.551	15.947	94.932
6	0.515	3.216	98.148						
7	0.122	0.765	98.913						
8	0.075	0.468	99.381						
9	0.041	0.259	99.640						
10	0.032	0.202	99.842						
11	0.016	0.101	99.944						
12	0.006	0.039	99.983						
13	0.002	0.013	99.995						
14	0.001	0.005	100.000						
15	2.026E-16	1.266E-15	100.000						
16	-2.249E-17	-1.406E-16	100.000						

提取方法：主成分分析法。

为进一步明确主成分因子提取个数，利用SPSS软件对数据生成碎石图，如图5-1所示。从碎石图可以看出，前5个主成分特征值大于1，从第6个主成分开始，特征值小于1，且曲线开始趋于平缓，包含信息少，对解释原有变量的贡献很小,可以忽略。综合上述分析,提取前5位主成分因子。

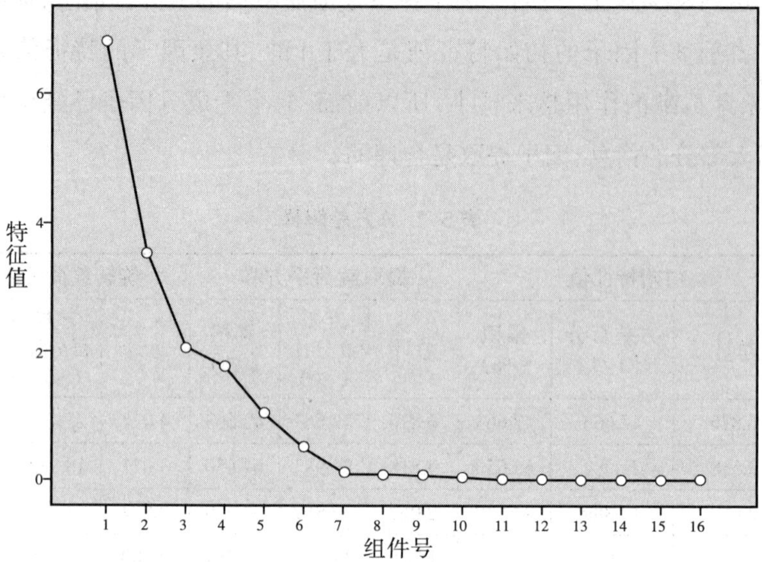

图5-1 碎石图

三、计算对应的因子载荷矩阵

因子载荷矩阵体现了原始变量与各因子之间的相关程度,为了更加准确、合理地解释主因子所包含原始数据的内容,首先对提取的5个主因子建立因子载荷矩阵,接着采用方差最大法对因子载荷矩阵实施正交旋转。旋转后的成分矩阵如表5-2所示。

旋转后的成分系数矩阵表征的是变量与主因子的相关系数。某一原始变量在某一主因子上的载荷绝对值越大,表明该变量与该主因子的相关性越密切,即该主因子能够充分包含该变量的信息。从表5-2中可看出,地区生产总值、居民人均可支配收入、社会消费品零售额、住户储蓄存款余额4个指标在第一主成分F_1上占据较大载荷,载荷系数均在0.9以上,说明第一主成分能够基本全面地反映这些指标的信息,这些指标主要衡量了边境县(市、区)的总体经济发展情况,可命名为旅游发展竞争力。旅游收入、游客接待数、人均旅游消费3个指标在第二主成分上占有较大载荷,这些指标主要衡量了边境县(市、区)旅游市场情况,可命名为旅游市场竞争力。3A级以上景区、旅游资源丰度、旅游资源品位度3个指标在第三主成分上占有较大载荷,这些指标主要衡量了边境县(市、区)旅游资源的情况,可命名为旅游资源竞争力。国家一类陆路口岸数量、出入口岸人数、陆地边境线长3个指标在第四主成分上占有较大载荷,这些指标主要衡量了边境县(市、区)的口岸发展情况,可命名为边境口岸竞争力。旅行社数量、三星级以上饭店数量、第三产业从业人数3个指标在第五主成分上占有较大载荷,这些指标主要衡量了边境县(市、区)的旅游接待能力,可命名为旅游接待竞争力。

表5-2 旋转后的成分矩阵

	指标	成分				
		F_1	F_2	F_3	F_4	F_5
3A级以上景区(个)	C_1			0.883		
旅游资源丰度(个/千平方公里)	C_2			0.955		
旅游资源品位度(分)	C_3			0.902		
旅游收入(亿元)	C_4		0.870			
游客接待数(万人)	C_5		0.871			
人均旅游消费(元/人)	C_6		0.916			
地区生产总值(亿元)	C_7	0.954				
居民人均可支配收入(元)	C_8	0.976				
社会消费品零售额(亿元)	C_9	0.976				
住户储蓄存款余额(万元)	C_{10}	0.967				
旅行社数量(家)	C_{11}					0.836
三星级以上饭店数量(家)	C_{12}					0.871
第三产业从业人数(人)	C_{13}					0.887
国家一类陆路口岸数量(个)	C_{14}				0.867	
出入口岸人数(万人)	C_{15}				0.832	
陆地边境线长(公里)	C_{16}				0.888	

提取方法:主成分分析法。

旋转方法:凯撒正态化最大方差法。

旋转在6次迭代后已收敛。

四、计算各边境县(市、区)综合得分

为计算中越边境各县(市、区)旅游综合竞争力得分情况，依据得分对中越边境15县(市、区)做出相应排名。采用回归法对因子得分系数进行估计，然后计算出各个因子的得分系数，分析得到的成分得分系数矩阵如表5-3所示。根据系数写出各个主因子得分函数。综合得分由旋转后方差解释率占总方差的比重与因子得分乘积后累加计算而得。针对分析数据得出计算公式为：

$$F=0.268\times F_1+0.199\times F_2+0.187\times F_3+0.178\times F_4+0.168\times F_5$$

式中，F 为旅游竞争力综合得分，F_1 为旅游发展竞争力得分，F_2 为旅游市场竞争力得分，F_3 为旅游资源竞争力得分，F_4 为边境口岸竞争力得分，F_5 为旅游接待竞争力得分。根据公式，计算得出15县(市、区)的旅游综合竞争力最终排名，结果如表5-4所示。

表5-3 成分得分系数矩阵

	成分				
	F_1	F_2	F_3	F_4	F_5
3A级以上景区(个)	-0.021	-0.039	0.358	0.016	0.094
旅游资源丰度(个/千平方公里)	-0.040	-0.146	0.445	-0.078	-0.018
旅游资源品位度(分)	-0.005	-0.051	0.365	-0.012	0.054
旅游收入(亿元)	-0.012	0.401	-0.071	-0.133	0.004
游客接待数(万人)	-0.036	0.386	-0.063	-0.097	0.002
人均旅游消费(元/人)	-0.068	0.454	-0.095	-0.150	-0.008
地区生产总值(亿元)	0.250	-0.073	-0.021	0.041	-0.037
居民人均可支配收入(元)	0.270	-0.048	-0.048	0.046	0.067
社会消费品零售额(亿元)	0.258	-0.030	-0.013	-0.007	0.049
住户储蓄存款余额(万元)	0.247	-0.024	0.003	-0.007	0.023
旅行社数量(家)	-0.051	0.111	0.052	-0.132	0.329
三星级以上饭店数量(家)	0.075	-0.049	0.060	0.138	0.402
第三产业从业人数(人)	0.034	-0.008	0.020	0.055	0.376

续表

	成分				
	F_1	F_2	F_3	F_4	F_5
国家一类陆路口岸数量(个)	0.034	−0.251	−0.005	0.454	−0.075
出入口岸人数(万人)	−0.046	0.051	−0.091	0.344	0.120
陆地边境线长(公里)	0.036	−0.097	0.004	0.403	0.073

提取方法:主成分分析法。
旋转方法:凯撒正态化最大方差法。
旋转在6次迭代后已收敛。

表5–4 中越边境县域旅游综合竞争力排名

县(市、区)	F_1	F_2	F_3	F_4	F_5	F (综合得分)	排名
防城区	−0.671	2.934	−0.229	−0.191	−0.511	0.241	4
东兴市	1.416	0.945	0.951	−0.328	1.324	0.910	1
宁明县	1.146	−0.039	−0.934	−0.100	−0.346	0.049	7
凭祥市	−0.842	0.116	0.529	3.219	0.816	0.605	2
龙州县	−0.276	0.098	2.206	−0.654	−0.813	0.106	6
大新县	0.203	−0.941	2.055	−0.090	−0.467	0.157	5
靖西市	2.060	0.023	−0.527	0.147	0.501	0.569	3
那坡县	−0.198	−1.188	−0.536	0.238	−0.135	−0.370	12
富宁县	0.876	−1.113	−0.380	0.102	−0.595	−0.139	9
麻栗坡县	−0.893	−0.330	−0.219	−1.370	2.574	−0.157	10
马关县	−0.018	0.409	−0.252	−0.504	−1.186	−0.259	11
河口县	0.289	0.314	−1.012	0.603	−0.097	0.042	8
金平县	−0.611	−0.301	−0.657	−0.178	−1.273	−0.592	14
绿春县	−1.143	−0.605	−0.623	−0.313	0.018	−0.596	15
江城县	−1.338	−0.322	−0.371	−0.581	0.189	−0.564	13

从表5–4中越边境县域旅游综合竞争力排名可以看出,中越边境15县(市、区)旅游竞争力存在明显差异。东兴市以0.910的综合得分位列第一,凭祥市以0.605的综合得分位居其次,靖西市以0.569的综合得分位列第三,防城区以0.241的综合得分位列第四,大新县以0.157的综合得分位列第五,

龙州县以0.106的综合得分位列第六，宁明县以0.049的综合得分位列第七，河口县以0.042的综合得分位列第八，富宁县以-0.139的综合得分位列第九，麻栗坡县以-0.157的综合得分位列第十，马关县以-0.259的综合得分位列第十一，那坡县以-0.370的综合得分位列第十二，江城县以-0.564的综合得分位列第十三，金平县以-0.592的综合得分位列第十四，绿春县以-0.596的综合得分位列第十五。从总体上看，中越广西边境县域旅游竞争力相较于中越云南边境县域旅游竞争力强。

五、中越边境县域旅游竞争力等级分类

根据中越边境各县(市、区)综合得分情况，将中越边境15县(市、区)旅游竞争力划分为三个等级：0.5分以上为一级旅游竞争力县(市、区)，这些县(市、区)旅游竞争力水平较高；0~0.5分为二级旅游竞争力县(市、区)，这些县(市、区)旅游竞争力水平一般；0分以下为三级旅游竞争力县(市、区)，这些县(市、区)旅游竞争力水平较低。具体划分结果如下：

一级旅游竞争力县(市、区)：东兴市、凭祥市、靖西市。

二级旅游竞争力县(市、区)：防城区、大新县、龙州县、宁明县、河口县。

三级旅游竞争力县(市、区)：富宁县、麻栗坡县、马关县、那坡县、江城县、金平县、绿春县。

第二节 各成分竞争力分析

一、旅游资源竞争力分析

旅游资源是旅游经济发展的重要载体，旅游资源的数量、质量和空间集聚状况对县域旅游的发展有重要的影响，决定了县域旅游开发的主题与定位、方式与途径、规模与等级、客源与产品等诸多方面。旅游资源竞争力是指包括旅游自然景观、旅游文化景观在内的旅游资源、公共设施，以及与旅游相关联的人力资源在内的所有旅游资源的竞争力度，它是旅游吸引力的重要体现。中越边境县域旅游资源在地理分布、级别、知名度等方面存在差异，因此旅游资源竞争力也存在明显的地区差异。

表 5–5　旅游资源竞争力得分排名

县(市、区)	得分	排名
防城区	–0.229	6
东兴市	0.951	3
宁明县	–0.934	14
凭祥市	0.529	4
龙州县	2.206	1
大新县	2.055	2
靖西市	–0.527	10
那坡县	–0.536	11
富宁县	–0.380	9
麻栗坡县	–0.219	5
马关县	–0.252	7
河口县	–1.012	15
金平县	–0.657	13
绿春县	–0.623	12
江城县	–0.371	8

通过对旅游资源竞争力进行分析，得出中越边境15县（市、区）旅游资源竞争力的得分和排名，如表5–5所示。龙州县以2.206分位列首位，大新县以2.055分位列其次，东兴市以0.951分位列第三，凭祥市以0.529分位列第四，麻栗坡县以–0.219分位列第五，防城区以–0.229分位列第六，马关县以–0.252分位列第七，江城县以–0.371分位列第八，富宁县以–0.380分位列第九，靖西市以–0.527分位列第十，那坡县以–0.536分位列第十一，绿春县以–0.623分位列第十二，金平县以–0.657分位列第十三，宁明县以–0.934分位列第十四，河口县以–1.012分位列第十五。

二、旅游市场竞争力分析

旅游市场竞争力一般由区域旅游市场规模决定，旅游市场竞争力能够反映出一个地区旅游发展成熟程度。旅游市场竞争力强，代表该县（市、区）市场份额所占比重较大。旅游收入、游客接待数量（含国内游客数量和入境游客数量)、人均旅游消费都是衡量一个地区域旅游市场情况的重要指标。

表5–6 旅游市场竞争力得分排名

县(市、区)	得分	排名
防城区	2.934	1
东兴市	0.945	2
宁明县	–0.039	8
凭祥市	0.116	5
龙州县	0.098	6
大新县	–0.941	13
靖西市	0.023	7
那坡县	–1.188	15
富宁县	–1.113	14
麻栗坡县	–0.330	11
马关县	0.409	3
河口县	0.314	4
金平县	–0.301	9
绿春县	–0.605	12
江城县	–0.322	10

通过对旅游市场竞争力进行分析,得出中越边境15县(市、区)旅游市场竞争力的得分和排名,如表5–6所示。防城区以2.934分位列首位,东兴市以0.945分位列第二,马关县以0.409分位列第三,河口县以0.314分位列第四,凭祥市以0.116分位列第五,龙州县以0.098分位列第六,靖西市以0.023分位列第七,宁明县以–0.039分位列第八,金平县以–0.301分位列第九,江城县以–0.322分位列第十,麻栗坡县以–0.330分位列第十一,绿春县以0.605分位列第十二,大新县以–0.941分位列第十三,富宁县以–1.113分位列第十四,那坡县以–1.188分位列第十五。

三、旅游发展竞争力分析

县域旅游的发展能带动县域经济的发展,县域经济的发展同样能促进县域旅游的发展，二者具有相互协调的关系。地区生产总值、居民人均可支配收入、社会消费品零售额、住户储蓄存款余额都是反映县域经济发展水平的指标，也是县域旅游发展的基本条件和发展水平的象征。

表5-7　旅游发展竞争力得分排名

县(市、区)	得分	排名
防城区	−0.671	11
东兴市	1.416	2
宁明县	1.146	3
凭祥市	−0.842	12
龙州县	−0.276	9
大新县	0.203	6
靖西市	2.06	1
那坡县	−0.198	8
富宁县	0.876	4
麻栗坡县	−0.893	13
马关县	−0.018	7
河口县	0.289	5
金平县	−0.611	10
绿春县	−1.143	14
江城县	−1.338	15

通过对旅游发展竞争力进行分析，得出中越边境15县(市、区)旅游发展竞争力的得分和排名，如表5-7所示。靖西市以2.06分位居首位，东兴市以1.416分位居其次，宁明县以1.146分位列第三，富宁县以0.876分位列第四，河口县以0.289分位列第五，大新县以0.203分位列第六，马关县以−0.018分位列第七，那坡县以−0.198分位列第八，龙州县以−0.276分位列第九，金平县以−0.611分位列第十，防城区以−0.671分位列第十一，凭祥市以−0.842分位列第十二，麻栗坡县以−0.893分位列第十三，绿春县以−1.143分位列第十四，江城县以−1.338分位列第十五。

四、旅游接待竞争力分析

旅游接待包括三个方面:一是餐饮,二是住宿,三是旅行。旅游接待在旅游系统中占据重要位置。旅游接待能力是区域在一定时期内按标准能接纳旅游者的规模和数量,能反映旅游业的发展水平。按旅游接待能力与经济活动的紧密程度来划分,可以把旅游接待能力分为直接接待能力和间接接待能力。直接接待能力包含旅客食宿设施容纳能力。间接接待能力主要是保障旅游活动顺利进行的其他服务能力。

酒店是为客人提供餐饮和住宿的基本场所,旅行社是为客人提供旅游接待服务的企业,第三产业从业人数是区域旅游接待的基本保证。因此,一个地区星级酒店数量的多少、旅行社数量的多少、第三产业从业人员数量的多少能反映其旅游接待能力的大小。从三星级及以上饭店数量、旅行社数量、第三产业从业人数三方面评价县域旅游接待竞争力具有代表性。

表5-8 旅游接待竞争力得分排名

县(市、区)	得分	排名
防城区	-0.511	11
东兴市	1.324	2
宁明县	-0.346	9
凭祥市	0.816	3
龙州县	-0.813	13
大新县	-0.467	10
靖西市	0.501	4
那坡县	-0.135	8
富宁县	-0.595	12
麻栗坡县	2.574	1
马关县	-1.186	14
河口县	-0.097	7
金平县	-1.273	15
绿春县	0.018	6
江城县	0.189	5

通过对旅游接待竞争力进行分析，得出中越边境15县（市、区）旅游接待竞争力的得分和排名，如表5-8所示。麻栗坡县以2.574分位居首位，东兴市以1.324分位居第二，凭祥市以0.816分位列第三，靖西市以0.501分位列第四，江城县以0.189分位列第五，绿春县以0.018分位列第六，河口县以-0.097分位列第七，那坡县以-0.135分位列第八，宁明县以-0.346分位列第九，大新县以-0.467分位列第十，防城区以-0.511分位列第十一，富宁县以-0.595分位列第十二，龙州县以-0.813分位列第十三，马关县以-1.186分位列第十四，金平县以-1.273分位列第十五。

五、边境口岸竞争力分析

边境口岸不仅是开展边境贸易的重要通道和场所，也是发展边境旅游的重要节点和平台，边境县域旅游的发展与县域内边境口岸的发展有着密不可分的关系。我国的边境口岸分为一类口岸和二类口岸。一类口岸是由国务院批准开放的，允许中国籍和外国籍人员、货物、物品和交通工具直接出入国（关、边）境的海（河）、陆、空客货口岸。二类口岸一般是由省级人民政府批准开放并管理的口岸，是限于边境居民通行的出入境口岸。县域内国家一类陆路口岸的数量及出入口岸的人数直接反映口岸的繁荣程度，是边境县域旅游竞争力强弱的重要影响因素。

表5-9　边境口岸竞争力得分排名

县（市、区）	得分	排名
防城区	-0.191	9
东兴市	-0.328	11
宁明县	-0.100	7
凭祥市	3.219	1
龙州县	-0.654	14
大新县	-0.09	6
靖西市	0.147	4
那坡县	0.238	3

续表

县(市、区)	得分	排名
富宁县	0.102	5
麻栗坡县	−1.370	15
马关县	−0.504	12
河口县	0.603	2
金平县	−0.178	8
绿春县	−0.313	10
江城县	−0.581	13

通过对边境口岸竞争力进行分析，得出中越边境15县(市、区)边境口岸竞争力的得分和排名，如表5-9所示。凭祥市以3.219分位居首位，河口县以0.603分位居第二，那坡县以0.238分位列第三，靖西市以0.147分位列第四，富宁县以0.102分位列第五，大新县以−0.09分位列第六，宁明县以−0.100分位列第七，金平县以−0.178分位列第八，防城区以−0.191分位列第九，绿春县以−0.313分位列第十，东兴市以−0.328分位列第十一，马关县以−0.504分位列第十二，江城县以−0.581分位列第十三，龙州县以−0.654分位列第十四，麻栗坡县以−1.370分位列第十五。

第六章 边境县域旅游发展案例借鉴

第一节 资源依托型边境旅游城市——内蒙古阿尔山市

一、阿尔山市概况

阿尔山市是内蒙古自治区的一个县级市，位于内蒙古自治区东部，兴安盟西北端，地处大兴安岭脊中段，被蒙古、科尔沁、呼伦贝尔、锡林郭勒四大草原环抱。东面与扎兰屯市相邻，南面与兴安盟科右前旗相接，西面与锡林郭勒盟及蒙古国接壤，北面与呼伦贝尔新巴尔虎左旗、鄂温克旗毗邻。东西长142公里，南北长118公里，总面积7408.7平方公里，辖区内中蒙边境线长93.434公里。

二、阿尔山市旅游发展概况

（一）阿尔山市旅游资源概况

阿尔山市是一座美丽、神奇的城市，环境优美，森林覆盖率高，拥有矿泉群、火山熔岩、火山湖泊等自然景观，这些自然景观特色鲜明，形成了丰富的旅游资源，使阿尔山市具有极高的旅游开发价值。根据《旅游资源分类、调查与评价》(GB/T 18972—2003)的资源分类系统分析，阿尔山市的游资源包括5个主类10个亚类14个基本类型，典型景观资源共40多个（具体见表6-1）。凭借丰富的旅游资源，阿尔山市荣获了“全国森林旅游城市示范区”“一带一路国际健康旅游目的地”和“国家生态旅游示范区”等荣誉称号。

表6-1 阿尔山市旅游资源分类表

主类	亚类	基本类型	主要景观资源
A地文景观	AA综合自然旅游地	AAB谷地型旅游地	三潭峡、蛇山谷、天河峡谷
	AC地质地貌过程形迹	ACA凸峰	玫瑰峰、樟松岭、麒麟峰、猎人峰
		ACE奇特与象形山石	三角山、摩天岭、鸡冠山、条石山、地图山
		ACL岩石洞与岩穴	无底洞、仙人洞
	AD自然变动遗迹	ADD陷落地	地池、天池
		ADE火山与熔岩	石塘林、雨搭石
B水域风光	BA河段	BAA观光游憩河段	哈拉哈河、阿尔山口岸、不冻河、牛奶河
	BB天然湖泊与池沼	BBA观光游憩湖区	杜鹃湖、松叶湖、鹿鸣湖
	BD泉	BDB地热与温泉	阿尔山疗养院矿泉群、五里泉、金江沟矿泉群
C生物景观	CA树木	CAA林地	阿尔山国家森林公园、好森沟景区
	CB草原与草地	CBA草地	七仙湖草原
E遗址遗迹	EB社会经济文化活动遗址遗迹	EBB军事遗址与古战场	阿尔山要塞、南兴安隧道、日伪时期旧飞机包、南兴安堡垒、五岔沟要塞、大和旅社旧址、地下兵营
		EBE交通遗迹	日伪时期旧机场和飞机包、日伪时期火车头自动转盘、白阿铁路、阿尔山火车
F建筑与设施	FA综合人文旅游地	FAB康体游乐休闲度假地	阿尔山太伟滑雪场

(二)阿尔山市旅游发展阶段

1.起步(1992—2001年):确立旅游业的主导地位

1992年12月,内蒙古自治区人民政府批准建立阿尔山经济开发区。1992年到1995年间,阿尔山以林产品加工工业为基础产业,旅游业只是阿尔山的辅助产业。1996年6月10日，经国务院批准，同意设立阿尔山市（县级）。旅游业在阿尔山的地位也发生了变化，阿尔山市被确定为旅游城市。1998年，国家实施天然林保护工程，阿尔山市林木加工工业受到影响，经济实力大大减弱。1999年，阿尔山市提出将旅游业作为主导产业，并提出要将阿尔山市建设成国内一流疗养城市。

2.发展（2002—2014年）：逐步完善城市旅游功能

为促进经济发展，打造国内一流疗养城市，阿尔山市不断加大旅游基础设施建设投资力度，全力推进口岸和通道建设，构建立体化交通网络。203省道从阿尔山市境内通过。2010年，乌阿一级公路通车，阿尔山市与呼伦贝尔等地均有高级公路相连。2009年，“两伊”铁路正式运营，哈尔滨局与沈阳局分界站是阿尔山站，这一铁路的开通成为阿尔山进京的西部通道。2011年8月，阿尔山机场正式通航，相继开通了北京、广州、杭州、昆明等多条航线。2013年，阿尔山-松贝尔口岸正式开关。2014年，阿尔山至蒙古国的3条边境旅游线路开通。

阿尔山市的旅游接待设施也在此期间逐步完善。2007年以来，阿尔山市先后建设了一批集休闲娱乐、度假和商务接待于一体的高端旅游接待酒店，如圣显度假酒店、六和商务休闲中心、南苑大酒店，有效提升了旅游接待水平。截至2014年，阿尔山市拥有28家旅行社、46家旅游纪念品商店，建成具有一定接待能力的景区50余个。

3.蝶变（2015年至今）：全力打造绿色生态旅游品牌

阿尔山市借助丰富的自然资源，通过构建多元化的旅游产品体系（如图6-1所示），打造生态旅游品牌。同时，通过加强区际交流协作，营销高端旅游线路，借助高端媒体宣传，提升生态旅游品牌知名度。“中国优秀旅游城市”“国家级生态示范区”“中国温泉之乡”“一带一路国际健康旅游目的地”“中国候鸟式养老夏季栖息地”“中蒙俄写生创作基地”等一张张生态名片成为绿色阿尔山的最美注脚。

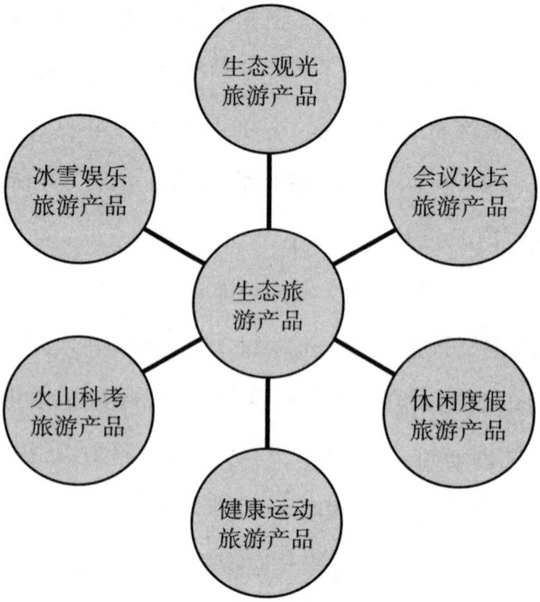

图6-1 阿尔山市生态旅游产品体系

(三)阿尔山市旅游发展取得的成绩

自1996年阿尔山市将旅游业确立为主导产业以来,在阿尔山市政府及企业的共同作用下,阿尔山旅游业得到了快速发展,无论是游客数量还是旅游业收入都呈上升趋势。2016—2019年阿尔山市接待游客数量及旅游收入如表6-2所示。2019年全年接待游客498.6万人次,比2018年增长了15%。2019年旅游收入60.80亿元,比2018年提高了14%,旅游直接从业人员达到1.4万多人。旅游业为阿尔山市经济发展提供了有力的支持。

表6-2 2016—2019年阿尔山市接待游客数量及旅游收入

年份	接待游客数量(万人次)	旅游收入(亿元)	旅游收入占城市GDP比重
2016	300.2	38.52	15.6%
2017	397.3	46.13	19.8%
2018	432.5	53.45	27.2%
2019	498.6	60.80	36.7%

三、阿尔山市旅游发展经验

(一)稳抓特色,科学规划

阿尔山市拥有一流的旅游资源组合,具有发展旅游业的天然优势。在国内国际旅游市场竞争激烈的态势下,阿尔山市政府积极审视市场行情,正视全球经济一体化的现实,结合自身情况,进行战略性的思考、科学的规划,在遵循生态旅游原则、区域优势原则、“远、中、近”相结合原则、整体发展原则、共同参与原则的基础上,确立阿尔山市1999—2020年旅游发展战略目标,并分别制定了旅游发展的近、中、远目标。近期目标是在2003年成为中国优秀旅游城市。中期目标是在2010年成为国家温泉疗养与休闲避暑胜地。远期目标是2010年到2020年建成国家级冰雪运动基地和国际商贸旅游城市。不仅理清了总体发展思路,还明确了具体的奋斗目标。此外,阿尔山市以国际化的标准对旅游设施、旅游服务、旅游环境、旅游经营管理等提出要求,致力于打造拥有一流设施、服务、环境和管理的特色旅游品牌。

1.实施景区特色化工程,整合八大景区

阿尔山市结合旅游资源的特点,将旅游区整合为八大景区:一是以温泉为主要产品的海神景区和金江沟、安全沟景区;二是以漂流、游船、垂钓、水上运动等水上娱乐项目为主要产品的哈拉哈河风景区;三是以森林、湖泊、火山等自然观光为主要产品的松叶湖-摩天岭-驼峰岭景区;四是以成吉思汗征战主题公园、玫瑰峰、七仙湖草原风光和赛马为主的口岸大沙滩景区;五是以观赏百里雾凇、越野滑雪为主的飞仙岭景区;六是以北兴安要塞、二战遗迹为主的主题公园和白狼林俗景区;七是以森林风光为主的五岔沟好森沟景区;八是以太平岭、鹿鸣湖、乌苏浪子湖为特点的高山湖泊观赏游乐景区。在开发上,景区主要采取政府主导、市场运作的方式进行开发,为凸显各自的特色,避免雷同,提高开发质量,每一个景区都制定了详细的开发和规划方案。在经营管理上,景区各自独立经营,自行管理,自负盈亏。

2.打造精品旅游项目,建设十大品牌

阿尔山市坚持人无我有、人有我精、人精我奇、人奇我绝的理念,开发了

一系列休闲娱乐项目。依托阿尔山市所有的温泉、漂流、火山、冰雪、天池、森林、野生动物等自然资源，以及历史文化、林俗文化等文化资源，重点打造出形式多样、风格各异，集知识性、趣味性、休闲性、娱乐性、参与性于一体的十大旅游品牌（如图6-2所示），成为了独具魅力的边境城市。

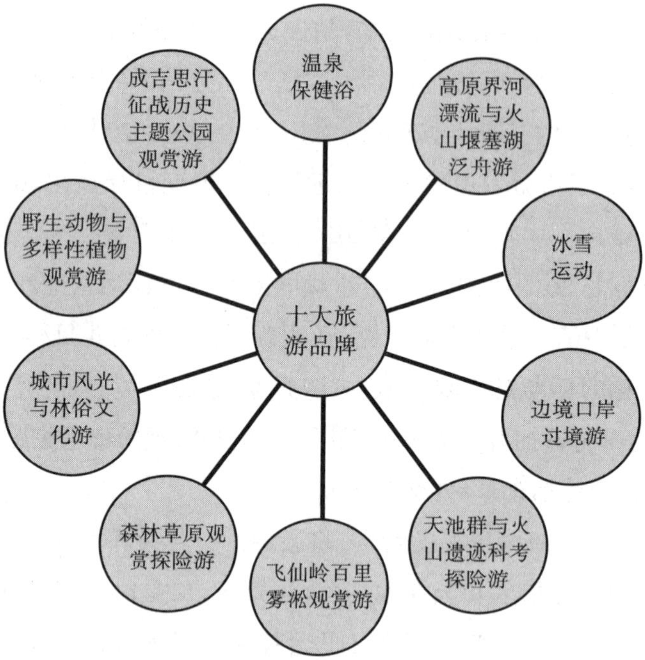

图6-2 阿尔山市十大旅游品牌

3.发展区域旅游，建设四条旅游环线

阿尔山市秉承大旅游的思想，发展区域旅游，打造内环线、中环线、外环线和边境线四条旅游环线。内环线，即温泉街旅游内环线。中环线，即八大景区中环线。外环线，即白城、海拉尔、新左旗、满洲里、锡林郭勒、新右旗、乌兰浩特外环线。边境线，即边境口岸过境游线。推出一日游、两日游、三日游黄金精品线路。与满洲里市、东旗、西旗签署《关于区域旅游资源整合与开发的框架协议》，积极与海拉尔、东旗、西旗的旅行社共同建设无障碍旅游区，使旅游合作向京津、东北等周边地区拓展。

（二）挖掘文化，扩大宣传

1.深度挖掘旅游文化内涵，打造宣传名片

文化是旅游发展不可或缺的生命力，一个地方的旅游发展是否成熟、高质，取决于其对当地文化内涵的挖掘和重视程度。阿尔山在旅游发展过程中重视对文化内涵的挖掘和提炼，在对山、石、湖、池、泉、林、雪等自然资源的开发利用上，除了关注资源的观赏性以外，还突出强调资源的历史、民族和地域特色。重点开发民俗文化、圣泉文化、冰雪文化、森林文化，在开发中不断融入旅游文化，通过挖掘历史文化和当地古老的传说，充实景区导游词，增加资源的历史厚重感。通过研究旅游资源的科考价值，增强知识性。通过传播民族风情，增强旅游吸引力。同时，阿尔山市还将一些节庆（如圣水节、冰雪节）打造成阿尔山市的品牌节庆活动，并在节庆的活动思路上不断创新，鼓励全市居民共同参与到节庆活动中，形成浓郁的节庆文化，以提高节庆活动的知名度，形成阿尔山品牌节庆活动。

2.瞄准国内外市场，加大宣传力度

阿尔山市除了重视将旅游资源变成赋予文化内涵的旅游产品外，还重视将旅游产品推向市场，充分利用现代各种传媒如微博、微信、视频直播等方式，向国内外游客宣传阿尔山的城市形象和阿尔山的旅游产品，使城市形象的宣传和旅游产品的促销相互依赖、相互促进。通过城市形象的宣传，带动旅游产品的促销；通过旅游产品的促销，进一步宣传城市形象。通过大力度的宣传促销，让更多的游客对阿尔山有所了解、有所向往，并最终愿意到阿尔山来。同时，还借助圣水节和冰雪节这两个大型节庆活动来加大对外宣传，吸引国内外游客参与节庆活动，扩大阿尔山市的旅游市场。

（三）产业互动，开拓创新

阿尔山市将主导产业旅游业与其他关联产业农牧业、食品加工业、工艺加工业结合发展，创新旅游产品和旅游商品，共同形成良性的产业互动。一是充分发挥农牧业与旅游业的产业互动优势，发展观光型、旅游服务型农牧业。依托蒙牛集团的有机奶生产基地，当地优质牧草生产基地，中蒙药厂的中草药种植基地，脱水蔬菜厂的山野菜采摘基地，鹿产品加工企业的特色养殖基地，旅游市场的无公害蔬菜基地，甘蓝加工企业的甘蓝种植基地，盟内外市场的种薯基地，肉类加工企业的肉羊、肉牛养殖基地，培育九大农牧旅游基地，将农牧基地建设为旅游景区。二是将食品加工业、工艺加工业与旅游业相结合，发展绿色工业，生产旅游商品和旅游纪念品。依托养鹿园区，将鹿这一特色养殖品进行深加工；依托山野菜采摘基地，进行木耳、蘑菇、蕨菜等山野菜的加工；依托中蒙药厂的中草药种植基地，进行中药材的加工。同时，发展以木材副产品为原料的特色工艺品加工业，将木材加工为独具特色的工艺类旅游纪念品。利用阿尔山市的冷泉水发展矿泉水产业，在生产加工矿泉水的同时，把矿泉水加工工厂打造成工业旅游景区，供游客参观学习。多产业互动，创新发展模式，形成集群效应，在促进阿尔山市社会经济发展的同时，提升了阿尔山的旅游竞争力。

(四)借助外力，招商引资

阿尔山市发展投资拉动型经济，通过树立“处处是招商环境，人人是招商使者”“先予后取，放水养鱼”“招商更要养商”的招商观念，形成招商、安商、稳商、富商的环境，不断提高招商引资的意识和水平，吸纳有实力的企业入驻，为旅游发展注入资金。为吸纳更多外来资金，阿尔山市组团到北京、上海、天津、香港、澳门等经济经济发展得比较好的地区开展大型招商活动，通过参加展览会、网络沟通、亲朋好友推荐等多种渠道、多种方式吸引外来企业入驻投资，提升阿尔山市的旅游发展水平。海神、贵贺、太伟、润天、天成等招商企业先后入驻阿尔山市。北京太伟集团入驻合作开发休闲度假村、阿尔山滑雪场、雪上高尔夫项目，润天公司投资高档别墅群建设，贵贺投资三星级宾馆建设，海神投资疗区改造、五星级酒店和阿尔山养生会所建设。通过招商引资，逐步形成了以旅游观光、温泉洗浴、冰雪运动、休闲度假、会议会展为中心的产业集群。

(五)发动居民，形成合力

城市旅游的发展离不开居民的参与，居民的一言一行都是旅游产品质量的组成部分。阿尔山市从中小学生、基层社区、一般公务员和干部抓起，切实提高公民的身心素质、礼貌礼仪、思想道德，以文明服务管理的“软件”带旅游基础设施的“硬件”，使居民的综合素质满足阿尔山市创建世界旅游名城的需要。采取各种措施引导鼓励市民参与旅游业开发，形成政府规范旅游、全民参与旅游、人人服务旅游的格局。一是营造旅游大环境。向居民宣传旅游是阿尔山市的铁饭碗，让居民树立起人人都要为旅游服务的意识，鼓励居民争当文明引路人，争当城市清洁员，争当文明导游员。二是加强文明宣传。通过向居民及旅游经营者宣传《公民道德建设实施纲要》，鼓励居民及旅游经营者遵守社会公德，弘扬家庭美德，通过基本的道德规范宣传增强居民及旅游经营者的文明服务意识，为游客营造良好的旅游氛围，让游客开心而来，满意而归。三是营造旅游开发大环境。政府不仅积极扶植旅游商品生产龙头企业，还积极组织居民到山上采摘野菜，引导和培训居民种植野生植物、驯养野生动物、加工制作根雕艺术品等，通过各种支持政策，努力发动居民参与到旅游开发中来，不断丰富阿尔山市的旅游商品市场。此外，还通过鼓励居民参与旅游经营服务，提升阿尔山市的旅游接待能力，通过增强全面旅游意识，改善阿尔山市的旅游发展环境，加快旅游产业的发展。

第二节　口岸优势型边境旅游城市——吉林珲春市

一、珲春市概况

珲春市是吉林省东部的一个县级市，隶属于延边朝鲜族自治州，与俄罗斯陆路接壤，与韩国、日本隔海相望，与俄罗斯、朝鲜山水相连，是我国唯一地处中、朝、俄三国交界的边境城市，可以体验到“鸡犬闻三国、犬吠惊三疆”。珲春市是我国从水路到日本西海岸、韩国东海岸以及北美、北欧的最近点，也是我国直接进入日本海的唯一通道。拥有圈河口岸、沙坨子口岸2个对朝口岸，珲春铁路口岸、珲春公路口岸2个对俄口岸，其中，珲春铁路口岸、珲春公路口岸、圈河口岸3个口岸为国家一类口岸，沙坨子口岸为国家二类口岸。

二、珲春市旅游发展概况

（一）珲春市旅游资源概况

珲春市地理位置优越，气候舒适宜人、风景秀美，具有发展旅游业优越的自然资源条件。尤其是在春夏两季，有艳阳而无酷暑，有清霖而无湿霾，是休闲度假的优选之地，被授予“国家园林城市”“国家森林城市”“全国生态特色旅游市”“中国夏季休闲百佳县市”“全国百佳深呼吸小城”等荣誉称号。除了拥有丰富的自然资源，珲春市还有着浓厚的人文、历史积淀，目前已发现的历史遗址、古建筑址、碑刻、墓群、城址等已达80余处。区域内主要旅游资源包括自然生态旅游资源、民俗文化旅游资源、历史遗迹类旅游资源、边境特色旅游资源等四大类，具体如图6-3所示。

自然生态旅游资源

地下森林、防川花海、吊水壶瀑布、绿洲金沙丘、圈河花海、碧藻红莲池、老龙湖景区、洋馆坪大提、孟岭村

民俗文化旅游资源

朝鲜族饮食、朝鲜族传统服饰、花甲节、满族剪纸、密江洞箫、朝鲜族摔跤、朝鲜族跳板、回婚节、流头节

历史遗迹类旅游资源

中朝国界界桩、中俄国界铜柱、图们江考察纪念碑、鼓峰事件纪念馆、西岗子遗址、东西炮台遗址、回龙峰革命洞、八连城遗址、萨其城遗址、珲春县委旧址、温特赫部城、干沟子山城

边境特色旅游资源

防川朝鲜族民俗村、东方第一哨、土字石界碑、龙虎阁、吴大澄雕像、珲春市大荒沟红色旅游景区、红色文化民俗博物馆、灵宝寺、甩湾子断桥、龙虎石刻等旅游资源

图6-3 珲春市主要旅游资源

（二）珲春市旅游发展阶段

1.萌芽阶段（1988—1991年）

1988年，珲春县经国务院批准成为县级市，即珲春市。同年12月，珲春

市被省政府批准为省级开发区。1990年,联合国开发计划署提出“大图们倡议”, 旨在利用各国资源优势,通过优势互补,发展贸易、投资、运输、旅游等,实现大图们江区域的经济增长和可持续发展。1991年,联合国开发计划署将图们江地区列入联合国重点开发项目,并以珲春市为核心,建立跨国自由贸易区,促进区域各国之间的合作发展。同年,珲春市被批准为甲级开放城市,实施对外开放,也是在这个时候,珲春市的边境旅游开始兴起。

2.初始发展阶段(1992—2002年)

1992年,珲春市经国务院批准为沿边进一步对外开放城市,同年设立了珲春边境经济合作区。1993年,珲春口岸经国务院批准允许第三国人入境,成为国际客货运输口岸,珲春市的对外边境交流开始增多,边境旅游活动也随之活跃起来。2000年,获国务院批准建立珲春出口加工区。2001年,国务院批准设立中俄互市贸易区,珲春由此成为我国唯一一个集边境经济合作区、出口加工区和互市贸易区“三区合一”的地区。随着对外口岸进一步开放以及对外贸易逐步增多,珲春市边境旅游开始发展,旅游人数和旅游收入逐渐增加。

3.调整发展阶段(2003—2014年)

2009年,国务院颁布实施《中国图们江区域合作开发规划纲要——以长吉图为开发开放先导区》,提出要逐步把珲春打造成为大城市,并确立了珲春市长吉图开发开放先导区“窗口”城市的地位。2012年,国务院批准设立中国图们江区域(珲春)国际合作示范区,示范区的设立标志着珲春市的发展上升到了一个新的高度。珲春市边境旅游也在长吉图开发开放先导区的大环境下逐步深化。

4.快速发展阶段(2015年至今)

2015年,为顺应时代发展,珲春市大力发展文化旅游产业,持续提升旅游业的产业地位。吉林省政府也十分重视,为珲春市提供政策支持,赋予珲春市部分经济社会管理权限,以促进珲春市经济社会的快速发展。2016年,吉珲高铁通车,使得北京、哈尔滨、长春等城市到珲春的时间大大缩短,旅游交通更为便利。2018年,国务院批复同意珲春出口加工区升级为综合保税区。2019年,国务院支持珲春开展海洋经济合作发展示范。2020年,吉林省出台《支持珲春开展海洋经济合作发展示范的意见》。2020年,国家发展改革委、自然资源部联合复函吉林省政府,同意设立珲春海洋经济发展示范区。在多项政策协同下,珲春市边境旅游得到了快速发展。

(三)珲春市旅游发展取得的成绩

珲春市旅游从萌芽至今,旅游设施不断完善,旅游接待能力得到了大幅提升,旅游产业规模逐渐扩大,旅游人数和旅游收入逐年增长。2015—2019年珲春市游客接待数量及旅游收入情况如表6-3所示。2019年,珲春市共拥有旅行社总社18家,分社10家,营业网点18个。2019年,全年接待游客458万人次,其中,国内游客384.6万人次,出入境游客73.4万人次,实现旅游收入54.8亿元。2019年接待游客人数和旅游收入分别是2010年的5.6倍和17.7倍。

表6-3 2015—2019年珲春市游客接待数量及旅游收入情况

年份	接待游客数量(万人次)	旅游收入(亿元)	旅游占城市GDP比重
2015	196.6	22.8	16
2016	253.8	28	18.5
2017	305	32.5	22.5
2018	381	45	31.2
2019	458	54.8	58.6

三、珲春市旅游发展经验

(一)合理规划整合资源

近年来,珲春市统筹创新,通过编制《珲春市全域旅游发展规划》,构建"一核三带四区"的全域旅游新格局(如表6-4所示),通过积极整合旅游资源,完善旅游公共设施配套,实现珲春市旅游产业发展"一盘棋",将资源优势转化为经济优势,将珲春市建设成为集边境风光、湿地生态、三国文化、虎豹研学、红色休闲等于一体的国家级旅游度假区、东北亚知名边境旅游目的地城市。

表6-4　珲春市全域旅游新格局

项目	具体内容
一核	打造集边境风光、红色休闲、湿地生态、虎豹研学等于一体的东北亚知名边境旅游目的地城市
三带	以中俄自驾游、一眼望三国边境旅游等为主的南部沿边跨境旅游带； 以大荒沟抗日根据地遗址、密江冷水鱼环球之旅产业园等为主的北部红色田园旅游带； 以东北虎豹科普教育及资源展示、野生动物保护和救助中心等为主的东部生态体验旅游带
四区	以敬信镇东方论坛为中心的中华传统文化集聚区； 以防川“东方第一村”为中心的朝鲜族文化集聚区； 以丝绸之路渤海古镇为中心的唐渤海文化集聚区； 以哇斯托克欢乐岛为中心的俄罗斯文化集聚区

（二）加强边境口岸建设

口岸是衔接跨国跨境旅游的核心节点，口岸设施是否完善、功能是否健全、服务是否周到，都关系到游客对该地的旅游体验。珲春市在旅游发展过程中，充分认识到口岸在边境旅游发展中的重要性，不断完善四个边境口岸的基础设施，优化口岸的软环境，提升口岸的功能与服务，以满足游客对口岸多功能化的现实需求。2016年，集综合监管、仓储、物流、国际运输代理、托运中转为一体的珲春口岸通关中心通过了竣工验收并如期运营。接着，珲春口岸综合服务楼、珲春口岸监管查验楼、珲春铁路口岸换装站扩能改造、圈河口岸联检楼及附属设施建设等项目相继完成。这些口岸设施投入使用以后，珲春市边境口岸的通关效率明显提升，各项服务更为方便快捷。例如，珲春口岸综合服务楼新设置的自助查验通道，支持无人查验，持有中国电子护照的游客只需要自助查验就可以快速通关，这一设施的投入使用极大缩短了游客的通关时间，珲春口岸也因此成为吉林省首个实行出境、入境双向自助查验的口岸。

（三）重视跨境旅游合作

珲春市是“一带一路”重要节点城市，“一带一路”倡议的推进为珲春市边境旅游的发展提供了良好的契机，让珲春市所蕴藏的活力得到充分释放。

为了塑造旅游形象，提高旅游知名度，提升旅游竞争力，珲春市不断加强与周边国家的交流合作，建立起跨境旅游交流合作平台。在跨境旅游路线设计上，珲春国际旅行社、延边长白山森林国际旅行社等11家龙头旅游企业，与朝鲜、俄罗斯的旅游企业合作，共同打造出具有竞争力的中朝、中俄、中朝俄跨境旅游路线。目前，共推出5条中朝边境旅游路线，4条中俄边境旅游路线，1条中俄朝三国跨境旅游路线。在跨境合作平台建设方面，成立了中俄合作委员会地方分委会，设立了驻朝鲜罗先、俄罗斯滨海边疆区等商务联络处，建设了东北亚跨境电商产业园，并与俄罗斯哈桑、阿尔乔姆、乌苏里克斯缔结为友好城市，共同推动边境贸易及边境旅游发展。珲春市还重点面向东北亚地区，开展人才交流活动，举办国际性会议和论坛，寻求合作机会。搭建了中俄远东市长会、俄侨会等国际性会议平台，积极举办东北亚旅游论坛、珲春现代国际物流论坛、东北亚保险国际论坛等常态化论坛。此外，珲春市还举办了一系列的节庆活动，如结合自身的地理位置特点举办的中俄朝三国观日出迎新年活动、结合自身的生物特点举办的东北虎国际文化节、结合自身的地势特点举办的国际马拉松旅游节。通过搭建跨境合作平台，为珲春市边境旅游发展吸纳优势资源，提升珲春市边境旅游的知名度，赢得竞争优势。

（四）鼓励产业融合发展

为推动旅游经济高质量发展，珲春市鼓励产业融合发展，并构建起“旅游+”的产业发展格局。一是“旅游+农业”。大力发展观光农业庄园、休闲农业庄园和现代农业庄园，大力种植人参、大米、黑木耳等特色农产品，并将这些绿色无公害的特色农产品包装成旅游商品，提升农产品的附加值。将旅游业与农业融合发展，带动农民创业增收，促进乡村振兴发展。二是“旅游+文化”。深度挖掘延边海洋文化、民俗文化、饮食文化等特色文化旅游资源，举办东北亚文化旅游美食节，培育壮大新型文旅业态，打造“美丽中国·鲜到延边”文旅品牌，促进文化旅游产业融合发展。三是“旅游+林业”。依托珲春市的森林资源，发展森林生态旅游，开发“森林雪乡”“森林人家”“森林小镇”等旅游项目，全面释放森林资源生态效益，化绿水青山为金山银山。

四是“旅游+工业”。 鼓励企业利用工业园区、工业生产基地等因地制宜发展工业旅游,依托工业生产加工制造旅游商品或旅游纪念品,如海鲜类旅游食品、东北虎系列旅游纪念品,促进旅游与工业深度融合发展。五是“旅游+体育”。珲春市充分借助运动优势条件,组织开展一系列的体育赛事活动,如排球邀请赛、沙滩足球邀请赛、国际自行车邀请赛、边境马拉松比赛、冰雪速滑比赛等。多方面扶持体育旅游发展,打造旅游发展新热点。六是“旅游+交通”。旅游物流方面,加大了乡村旅游物流的政策支持,改造升级农村货运和电子商务配送等基础设施,满足游客纪念邮寄、行李托运等物流服务需求。道路交通方面,完善旅游沿线的交通标识,增设自驾旅游服务配套设施,加开乡村旅游公交专线,设置旅游综合服务点,通过交通改善提升旅游承载力。七是“旅游+智能”。利用现代技术,推出手机“一机游珲春”微信小程序。将虚拟现实技术(VR)、增强现实技术(AR)运用到在旅游产品设计上,增强旅游产品的体验感和趣味性。实现重要旅游区域免费Wi-Fi全覆盖。在游客中心或游客聚集区域放置触摸屏幕等信息互动终端。顺应时代需求,全面提升旅游智能化水平。八是“旅游+贸易”。珲春市建立了国际边贸城,随着边境贸易的发展,边贸城所在区域逐渐成为集办公、购物、娱乐、交流、居住等于一体的城市综合体,也成了游客的集散中心。珲春市国际海产品交易中心依托珲春国际边贸城,打造了大型海产品交易平台,并将海产品销售到国外,通过贸易交流提高春晖的知名度。

（五）大力投入旅游宣传营销

珲春市重视旅游市场营销宣传,不断加大对旅游营销的经费支持。2019年,珲春市投入旅游节庆资金达527万元,开展了大图们倡议东北亚旅游论坛、中国旅游日、爱护候鸟保护环境、东北亚文化旅游美食节等多主体、多部门联动参与的营销活动。通过公众营销、网络营销、节庆营销、旅游博览会等方式进行品牌营销。利用网红直播、微博、抖音、微信等多种新媒体进行品牌营销。通过宣传,将珲春市“国家园林城市”“国家森林城市”“国家卫生城市”“全国生态特色旅游市”“中国夏季休闲百佳县市”“全国百佳深呼吸小城”等荣誉品牌推向全国乃至世界。

第七章 中越边境县域旅游竞争力提升策略

第一节 基于竞争力等级的中越边境县域旅游竞争力提升策略

一、一级竞争力县(市、区):强化优势塑造品牌,打造国际旅游目的地

处于竞争力第一层级的东兴市、凭祥市、靖西市均属于县级市,旅游竞争力较强,已具备较稳定的旅游发展基础。东兴市和凭祥市边境贸易的蓬勃发展为县域旅游带来巨大红利,庞大的出入境人流有效增加了潜在旅游者,从而实现了旅游的高速发展。靖西市旅游市场的发展依赖于良好的生态旅游资源和浓厚的壮民族文化,在发展中突出特色资源,进行融合特色文化的综合提炼,设计特色载体,形成靖西旅游特色。三个县级市应借助原有的旅游发展优势,塑造符合自身特色的旅游品牌,提升旅游发展软实力,打造面向国际的旅游目的地。

(一)东兴市

东兴市边境贸易繁荣,是三个一级竞争力县(市、区)中唯一临海的,重点围绕"边贸+滨海"塑造边境旅游品牌。在边贸旅游品牌塑造上,坚持商贸旅游一体化,持续深入举办中越国际商贸旅游博览会,以东盟国际水果节、中越美食节、中越传统服装秀、中越民族风情演艺、免税购物狂欢节、中越青年联欢等多主题活动,不断增添中越国际商贸旅游博览会的亮点,不断扩大中越国际商贸旅游博览会的传播力和国际影响力,使边境旅游与边境贸易相互作用,实现旅游兴边贸,边贸促旅游,最终形成商贸旅游一体化的格局。在塑造滨海品牌形象上,依托跨境旅游合作区、边境旅游试验区两区的建设,深入挖掘滨海资源,与越南合作,共同打造特色化、差异化和体验化的精

品海滨旅游产品。如东兴的万尾金滩与越南的茶古海滩共同打造科考、探险、养生、生态等系列旅游产品，并利用东兴“中国最佳生态旅游城市”“中国长寿之乡”“中国十大养老胜地”的美誉，吸引老年游客休闲度假。在“边贸+滨海”旅游为主打品牌的基础上，依托民族文化，发展文化旅游，特别是利用东兴民族文化中最具代表性的京族文化，将京族独特的风土人情、民俗文化、生活方式等融入旅游发展中，让民族文化丰富东兴旅游发展的内涵，全力塑造“边海之城，国门东兴”的形象，使东兴由旅游通道向国际旅游目的地转变，实现东兴旅游跨越式发展。

（二）凭祥市

凭祥是一座贸易大市，边境贸易繁荣，拥有中越最大的红木交易市场和我国对东盟最大的水果交易市场。凭祥也是一座红色城市，红色资源丰富，既有友谊关、金鸡山、炮台山、平岗岭地下长城，又有匠止烈士陵园、法卡山烈士纪念碑园等。因此，应重点围绕“边贸+红色”塑造边境旅游品牌。在边贸旅游品牌塑造上，以红木文化为核心，以凭祥红木文博城景区建设为龙头，将红木交易、展览、收藏、鉴赏、红木文化传承与旅游有机融为一体，加快红木宾馆、红木博物馆、红木文化展示平台、红木文化工艺体验馆和红木文化旅游等项目建设。以旅游促进红木市场繁荣和红木家具销售，带动红木产业发展，以红木文化促进旅游经济发展。同时，借助一年一度的“广西·凭祥中越边关旅游节”，大力推广凭祥的红木文化。在红色旅游品牌塑造上，以国家4A级旅游景区、全国重点文物保护单位、红色旅游经典景区、爱国主义教育基地友谊关为聚点，辐射带动凭祥红色旅游发展。充分挖掘红色旅游资源，完善红色旅游产品，将友谊关景区、大连城景区、法卡山民族团结教育宣传点、金鸡山炮台等爱国主义教育基地连成片，打造一条经典红色旅游路线。在此基础上，丰富红色旅游的内容和形式，扩大凭祥红色旅游品牌影响力和知名度。

（三）靖西市

靖西市自然环境优美，以溶蚀高原地貌为主，拥有名泉、峡谷、瀑布、湖泊、梯田、古镇等丰富优质的旅游资源，山水风光怡人，既有气候“小昆明”之称，又有山水“小桂林”之美誉，且民族文化浓厚，因此，应重点围绕“自然生态+民族文化”塑造边境旅游品牌。在自然生态旅游品牌塑造上，整合通灵大峡谷、古龙山大峡谷、鹅泉景区、龙潭国家湿地公园景区景点资源，建设边境自然风景旅游度假区。在民族文化旅游品牌塑造上，依托民俗文化，充分挖掘和整理民族文化资源，以靖西绣球、壮锦为核心，重点开发壮族生态博物馆、旧州古镇等文化旅游项目，持续打响靖西文化旅游品牌；依托历史文化，挖掘刘永福、瓦氏夫人、张天宗等靖西知名历史人物故事题材，挖掘红八军攻坚战遗址文化，拍摄大型主题影视剧，提升旅游文化品位；依托节庆文化，以端午药市、“三月三”歌节等传统节事为载体，打造靖西民俗文化博览产业项目；以胡志明在靖西开展革命活动足迹为主线，整合红色旅游资源，弘扬中越友谊和国际精神，以胡志明诞辰日作为节庆点，打造靖西中越国际旅游文化节；充分利用广西边境旅游联合体平台优势，加强与越南高平省文化旅游合作，大力发展以边境购物、边境观光为一体的边关游，持续办好中越边民大联欢，提高“边关游”知名度。通过自然生态与民族文化的有机融合，将靖西打造成“中越边关风情国际休闲养生度假旅游目的地”。

二、二级竞争力县(市、区):弥补短板，提升旅游发展速度

处于竞争力第二层级的防城区、大新县、龙州县、宁明县、河口县，均具有发展边境旅游的优势，县域内旅游发展已具备一定的基础，但由于各县(市、区)在发展中存在明显的发展短板，旅游竞争力相较于第一层级的县(市、区)低，旅游发展速度相对慢。对于处于这一层级的县(市、区)，应充分认识到自身的短板，在增强优势的同时加快弥补短板，提高旅游发展速度。

(一)防城区

防城区素有“中国漂流之乡”的美誉，凭借“依山傍水”的独特优势打造了以漂流为亮点的多处旅游胜地，如金沙水漂流、野人谷漂流、九龙潭漂流等漂流景区。但从总体上看，防城区3A级以上旅游景区数量偏少，旅游产品形式较为单一，且缺少当地文化的融入。政府应加快县域内旅游资源开

发，丰富县域旅游产品类型，利用边境县域浓郁的民族风情特色，开发民族节庆、民俗体验、歌舞表演等旅游活动项目。以好山水为基础打造文旅精品，形成山水融合、区域文化特色突出的旅游发展新路径。同时，通过提高旅游景区产品、设施及服务的质量，使更多景区达到申报3A级景区的条件，进而增加县域内3A级以上旅游景区的数量。此外，防城区的旅游接待能力相对薄弱，应加大对旅游餐饮住宿、导游预订等配套产品的供给，增强招商引资力度，吸引信誉高、口碑好的星级酒店、旅行社等进入防城区内，适当培养餐饮住宿等经营户，满足旅游者自由行、自助游等各类旅游需求。

（二）大新县

大新县具有明显的旅游资源优势，县内的德天跨国瀑布是亚洲最大的跨国瀑布，也是中越边境线上唯一一个5A级旅游景区，是我国南部边境旅游的重要旅游目的地。此外，大新县还拥有黑水河国家湿地公园、明仕田园等著名景区。尽管大新县优质资源多，但资源分布面广，对资源的空间优化整合不够，无法形成县域旅游整体竞争优势。旅游资源有“一子落而满盘活”的辐射效应，大新县在旅游发展中要参照核心－边缘理论和点－轴理论，优化旅游空间结构，以德天跨国瀑布景区为龙头，以“风情边境”休闲旅游、“骆越山水”生态旅游、“养身福地”健康旅游、“浓情蔗乡”田园旅游为四大功能区，将大新县打造成旅游集散中心、节庆会展中心、土司文化中心为一体的旅游目的地，构建“一心四区”格局，实现旅游产业发展区域联动。

旅游交通设施建设是旅游发展的基础和保障，大新县地处中越边境大石山区，道路交通建设相对落后，尚未开通城际高铁，没有形成公路铁路一体化的交通网络格局。落后的交通设施与县域丰富的旅游资源不相匹配，严重制约着大新县旅游经济的发展。要想充分发挥大新县旅游资源的优势，完善交通基础设施是关键。大新县政府要高度重视县域内外部的交通基础设施建设，外部大交通上积极推进高速公路、沿边高等级公路的建设，内部小交通上加快推进景区周边及景区内的交通建设，形成交通道路内外部的有效衔接，提高旅游交通通达能力。

（三）龙州县

龙州是一片赤色热土，红色基因厚重，红色旅游是龙州旅游最重要的组成部分。尽管政府对红色旅游的发展十分重视，但表现出较为突出的红色旅游产品体验性差的问题，大多数产品依然停留在静态展示的开发层面。对此，龙州在红色旅游的开发中要用“活”红色资源，提升红色旅游的互动性和参与性，设计走一次红军路、听一堂红军课、住一晚红军村、吃一餐红军饭、览一次红军馆、唱一首红军歌等体验活动，创新红色旅游的载体和形式，让游客身临其境，重温龙州起义的峥嵘岁月，接受红色文化的洗礼。

此外，随着龙州旅游的发展，游客接待数量逐渐增多，旅游接待能力不足也成为制约龙州旅游发展的一个关键问题。龙州旅游接待能力不足主要表现为：住宿业结构不合理，所有星级饭店分布在县城，其中一些星饭店还分布在县城的老城区或相对狭小的街区，交通压力大，而在主要景区景点尚无品牌住宿入驻；出入境旅游接待能力不足，从事入境接待业务的旅行社数量少，能够承接对外接待业务的旅行社仅运德旅行社一家，没有形成良好的产业基础；旅游业从业人员数量少，旅游直接从业人员大专以上文化水平的不足千人。对此，龙州县要推进适应旅游市场和风土人情的住宿业态建设，对新增酒店要合理规划布局，确保游客集中的景区周边有可供入住的高档次酒店；加快完善对外旅游服务接待的基本功能，通过加快口岸基础设施建设，完善口岸服务业务，吸引更多旅行社和旅行服务商到龙州开展运营业务；加强旅游管理人才的引进，加大旅游业从业人员的培训，与周边高校如广西民族师范学院建立联系，合作培养高素质从业人员。

（四）宁明县

旅游资源是旅游发展的核心要素，旅游资源既是宁明旅游发展的短板，也是宁明旅游发展的优势。因为从资源竞争力情况看，宁明县资源竞争力在15县（市、区）中排名靠后，整体竞争力不足；但从单个旅游资源来看，宁明拥有我国唯一的岩画类世界文化遗产花山岩画，是其他边境县域无法比及的。宁明要依托花山岩画文化景观这一世界级“金名片”，以“突出重点，整合资源”为原则，深入挖掘花山骆越文化资源，并整合生态、农业等乡村旅游资源，将花山骆越文化有机融入生态旅游、农业旅游，构建宁明全域旅游发展格局。同时，宁明要在强化旅游营销等方面下功夫，利用“三月三骆越王节”“三月三骆越根祖祭祀节”等节庆活动，宣传花山文化旅游，制作花山文化影视、花山旅游形象宣传片，通过加强与中央电视台等国家级主流媒体的沟通联系，利用主流媒体讲好花山故事，传播好花山文化，提升花山品牌影响力，把花山的声音和形象传播到全国乃至世界各地。通过补短板，增优势，做大做强宁明县文化旅游大文章，推动宁明旅游高质量发展。

（五）河口县

河口县旅游资源类型丰富，包含自然资源、历史资源、民族文化资源等，但资源品位度不高，且依托资源打造的旅游产品主要以观光型产品为主，体验型产品供给不够，产品创新不足，且未能充分发挥口岸优势开发出特色鲜明的边境旅游产品，使得游客仅仅将河口作为短暂停留的通道，停留时间不长，这是制约河口县旅游发展的短板。对此，河口县应加快精品景区和重点旅游项目建设，加快推进河口县4A级旅游景区的创建和申报，提高旅游资源的价值品位。在传统旅游产品开发上，打造旅游综合体，加快建设河口跨境旅游合作区的观光旅游项目、河口民族风情园、河口异域风情街等旅游综合体建设；发展好传统文化旅游产品，充分挖掘苗族花山节、瑶族盘王节、彝族火把节、壮族“三月三”、布依族牛王节等民族特色，开发体验性节庆活动。在新型旅游产品开发上，借助河口山地资源优势，开发运动旅游赛事，如边境越野、边境骑行、边境马拉松项目；借助民族医药优势，开展民族医药养生旅游，以休闲养生的方式延长游客在河口的停留时间；借助跨境优势，打造异国客栈、异域风情露营地，推进跨境自驾车旅游发展。通过整合口岸资源，完善旅游产品，引导游客深度体验，不断提升河口吸引力，增强旅游竞争力。

三、三级竞争力县（市、区）：加强政府关注，全面创造旅游发展条件

处于竞争力第三层级的富宁县、麻栗坡县、马关县、那坡县、江城县、金

平县、绿春县的县域经济发展相对落后，旅游发展基础薄弱。各县政府应将旅游业作为振兴县域经济、提高边民生活水平的支柱产业，提升旅游业在国民经济发展中的地位。应紧紧把握兴边富民行动实施给旅游业带来的机遇，以兴边富民行动为抓手，加大旅游投入，打造旅游产品，完善旅游基础配套设施。在兴边富民行动实施中，进一步开放县域旅游市场，加大政策倾斜力度，出台刺激县域旅游经济增长的政策和相关法规，协调旅游与边防、工商、环保、交通等多部门办公合作，确保相关政策得以落地实施，以政策落实保障旅游业招商引资成效，为县域旅游发展创造一切可创造的条件。

（一）富宁县

富宁县旅游发展要坚持规划先行，做好县域旅游发展规划及重点区域旅游规划，通过“政府统筹规划，企业开发运营”的方式，积极争取企业对县域旅游发展的资金投入，并制定系列旅游产业招商引资优惠政策，增加旅游开发融资渠道，如设立“旅游发展专项资金”，奖励参与旅游投资建设的企业，吸引各类旅游投资，集中社会力量发展旅游经济。

在旅游资源的开发上，重点开发红色文化旅游资源和坡芽民族文化旅游资源。富宁县是滇黔桂边区革命根据地的中心，是云南创建时间最早、斗争范围最广、坚守时间最长的红色革命根据地，被誉为“云南红都”，是云南文山州拥有革命遗址遗迹数量最多的一个县。要充分利用红色资源，加快滇黔桂边区革命纪念园龙头项目建设，打造爱国主义教育基地。不断整合红色元素，以4A级景区为目标打造谷拉谷留核心区，结合富宁港的建设，辐射剥隘、归朝、那能等乡镇，连片开发具有地方特色、参与性强的红色精品旅游线路。同时，积极修复富宁革命遗址遗迹，传承好红色基因。具有民族风貌的坡芽歌书是富宁县的宝贵民族文化资源，是我国活着的图画文字之一，具有很高的旅游开发价值，富宁县要突出坡芽歌书这张旅游文化王牌，塑造“云南红都·柔情富宁”的旅游形象。

在旅游形象宣传上，按照政府引导、文化部门牵头、社会参与的模式开展。重点突出红色文化和坡芽歌书文化，鼓励坡芽山歌队参加国内国际赛事，主动融入国内外文化大市场，走进剧院，走向世界大舞台。通过举办壮族珑端节、“忆峥嵘岁月 重走红军路”等大型活动，吸引游客进入富宁，提高游客对富宁的认知度。政府应积极组织旅游企业参加各类国际国内旅游交易和推介会，对外推介富宁旅游资源和文化。

在旅游基础设施建设上，发展旅游业涉及的“吃、住、行、游、购、娱”六要素配套设施建设严重滞后。尽管富宁县于2016年开通了高铁，有效完善了外部交通，但外部沿边高速公路、内部通往景区的公路还有待加强。多个景区景点停车场、游客服务中心、住宿、饮食等旅游必要的基础设施配置不齐全。可通过招投标的方式，完善旅游基础设施及配套服务设施。

（二）麻栗坡县

麻栗坡县要坚持规划引领，做好旅游发展规划，突出规划的科学性、特色性和体验性，在做好规划的基础上，结合县域实际情况，逐步有序地发展旅游产业。首先，要立足全县红色旅游资源条件，用好用活红色资源，塑造红色旅游品牌。麻栗坡县要紧紧围绕把麻栗坡建设成为兴边富民示范县、红色旅游示范县、民族团结进步示范县“三个示范县”的发展定位，大力弘扬“老山精神”和“西畴精神”，用好麻栗坡红色资源，传承好麻栗坡红色基因。以“英雄老山圣地”为主题，依托“老山精神”理想信念教育现场教学基地、坝子雷场爱国主义教育基地，打造核心价值观生动课堂，丰富和拓展八里河东山、扣林山、者阴山现代战争原址等爱国主义教育资源，整合县域内老山主峰、支前参战陈列馆、烈士陵园、神炮主题公园等红色资源，着力将老山打造成全国爱国主义教育示范基地，做好做足“红色旅游+爱国主义教育”文章。其次，要在创新旅游发展方式，做好“红色旅游，绿色发展”新文章。坚持以改革创新为根本动力，以满足人民日益增长的美好生活需要为根本目的，按照“新型工业强县，乡村振兴富县，红色旅游兴县，沿边开放活县，绿色生态靓县”的思路，打造以“英雄老山圣地”4A级景区为龙头的发展驱动核，推动“全域旅游”“文旅融合”“乡旅融合”“边旅融合”发展，立足清凉洞岩溶地貌、老君山原始森林、老山梯田、干坝子高山牧场、野生石斛园、茨竹坝云海、城寨原始部落等绿色生态景观，着力打造一批地质地貌公园和以康养为特色的旅游小镇。以边关风情和异域风情为主线，着力打造“异域风情一条街”“异域风情小镇”。做好“红色旅游，绿色发展”新文章，促进麻栗坡县旅游持续向上发展。

（三）马关县

马关县生态及农业旅游资源丰富，政府要紧密围绕兴边富民示范县、山水田园乡村旅游示范县、民族团结进步示范县“三个示范县”的发展定位，做好山水田园、生态乡村旅游和康养产业三篇文章，全面发展乡村旅游。乡村旅游的发展涉及多个部门、多个行业，要由马关县政府牵头成立旅游产业发展领导小组，调动各方面的力量形成上、下、左、右的沟通联动机制，形成“政府主导、市场运作、群众参与”的组织运作模式，政、企、社共同推动发展。

在旅游项目开发上，以沙尾冲蔬菜种植、文华多品种特色水果采摘、花枝格万头生猪养殖示范、马鞍山多品种特色水果种植、南山幸福社区干田冲片区食用菌种植、马洒生态观光体验农业示范、马尾冲百香果种植7个基地为支撑，建设集生态康养休闲农特旅游度假为一体的田园综合体，打造独具特色的山水田园乡村旅游目的地。同时，可以结合马关所拥有的历史民族文化，揭开阿雅古城、民国国门、抗法碉楼、万马之乡、世界锢都、拳王故里、草果之乡、民间艺术之乡等的神秘面纱，在旅游产品开发中融入文化体验，打造更具内涵价值的乡村旅游升级版。

在旅游宣传上，政府部门应积极组织参加省内外的旅游推介会和旅游投资促进会，提升马关县的知名度，在推广宣传马关旅游产品的同时，吸引旅游投资；围绕壮族三月三、花饭节，苗族花山节、闹兜阳，彝族火把节，傣族泼水节开展民俗节庆，把节庆作为旅游宣传的契机；发挥名人效应，如借助本土名人中国首位世界职业拳王熊朝忠，为家乡宣传添彩；利用马关的边境优势及优美、原始的自然资源优势吸引境内外文艺创作者入驻，借助其创作的图画、图片、文字、视频等宣传马关旅游，借助互联网开展广泛传播。

在旅游基础设施及旅游接待配套上，紧紧抓住“吃、住、行、游、购、娱”等旅游要素。一是改造和建设酒店，大力建设精品酒店和特色民宿，提升接待能力。二是开发民族特色餐饮、药膳，推动建设高、中、低档次相结合的旅游餐饮体系。三是按照“县级公路高等化，县乡公路舒适化，乡村公路通畅化，村内道路全硬化”的总体要求，加快路网建设。加快建设国省干线高速路网规划的二级配套公路，畅通出县出境通道，打通连接邻州、邻县高等级公路，加快推进县乡村道路改造，提高县城及县域内景区的可进入性。

（四）那坡县

那坡县旅游发展处于初级阶段，需要抓住国家和自治区大力发展旅游产业的大好机遇，利用国家旅游局和农业部实施乡村旅游“百千万工程”的有力政策，深入挖掘特色民族文化内涵，培育发展旅游产业，打造特色那坡。2006年，那坡黑衣壮族民歌经国务院批准列入第一批国家级非物质文化遗产，黑衣壮也由此被更多人熟知，那坡围绕黑衣壮文化打造了那坡黑衣壮风情园。那坡县应以此为基础，将风情园打造成以“黑衣壮文化”“生态旅游”“休闲养生度假”“避暑养生”为主题的综合性旅游品牌，实现以文创游，民俗游带动乡村生态游、农业游、休闲游、康养游。同时，开发一系列围绕黑衣壮“那文化”的围巾、布鞋、手工布、绣球等具有代表性的民族文化特色旅游商品，扩大旅游影响力。

在旅游宣传上，应利用线上线下宣传的方式。线上充分利用好政府网站发布旅游资讯，宣传那坡旅游资源；建立那坡旅游微信公众号，推送旅游美文、旅游攻略、旅游优惠等；与携程、去哪儿等知名在线旅游网站合作，提高品牌覆盖面和影响力。线下与区内外旅行社、酒店合作，加强旅游项目推荐；充分利用火车站、高铁、动车户外广告的点式营销；利用每年举办的坡荷中山同歌节、彝族跳弓节、少数民族巡游活动、国际美食节、那坡县“风流街”等活动，加大宣传力度。

在旅游基础设施及旅游接待配套上，那坡县应将建设齐全完备的基础设施作为政府工作及兴边富民行动实施的重要内容，加大对口岸通道、县域道路、景区道路等基础设施的投入力度，不断提高交通承载及交通通达能力，以健全的基础设施推动县域社会经济发展，增强县域旅游基础服务功能。提升旅游从业人员的接待水平和素质能力，开展旅游从业人员帮扶培训，与百色学院等高校合作培养用得上、留得住的旅游人才。

（五）江城县

江城县自然资源丰富、生态环境良好，以水稻、玉米、橡胶、茶叶、咖啡、甘蔗、畜牧业为主导产业，绿色生态是其优势和特色之一，在"绿水青山就是金山银山"的发展理念下，江城县旅游发展应主打绿色生态牌，融入大滇西旅游环线建设和普洱市绿色经济试验示范区建设，做好江城县旅游业发展规划，规划建设哈里桃园溪谷、土卡河、十层大山等一批极具生态特色的景点景区，并加强境内外旅游合作，依托老挝、越南的山地资源、森林资源、气候资源和异域风情，建设生态旅游大区，逐步从"边地"向"目的地""逐梦地"转变，最终将江城县打造成国际生态旅游胜地。

在旅游宣传上，立足区位优势，继续加大"一城连三国""一眼望三国""转身走三国"江城旅游形象宣传，推进微信公众号、网络媒体等宣传工具的应用，推进智慧旅游；做精做大县内节庆活动，通过"中老越三国丢包狂欢节""中老越三国边境商品交易会"等品牌活动，加大境外宣传营销，扩大江城县在境内外的知名度；加大旅游纪念品开发力度，把江城县的旅游纪念品推向国内外市场，把游客引进来。

在旅游基础设施及旅游接待配套上，江城县境内公路等级低，思江路为二级路，但道路弯道较多，通行时间较长，墨江至江城道路尚未达到高等级道路标准，主干道至各景点景区道路通行条件不理想，应做好相关道路的建设。旅游住宿、餐饮接待设施档次不高，供给不足，应着力引进有情怀、有实力的企业，投资打造五星级酒店、半山酒店和高端民宿。在加强接待设施建设的同时，加强对导游、旅游营销、电子商务、旅游会展、节庆活动等急需人才的培养和引进，通过政企合作的方式，培养打造一支懂市场、懂营销、懂运作的复合型旅游人才队伍，为江城县旅游发展提供人才保障。

（六）金平县

金平县旅游资源以生态旅游资源和民族文化资源为主。生态旅游资源中的蝴蝶资源最为有名，拥有著名的“中国·红河蝴蝶谷”景区，可依托该资源优势，打造“蝴蝶之乡·多彩金平”县域旅游品牌。在此基础上，依托梯田、瀑布、温泉等生态旅游资源和苗族、瑶族、傣族、哈尼族、彝族、汉族、壮族、拉祜族、布朗族等多彩的民族文化打造旅游特色村落。依托金水河国家级一类口岸及地西北、热水塘等边民互市点的边境区位优势和边境旅游资源，开发跨境旅游、民俗体验、休闲度假为主导的现代农业休闲农庄、民族文化生态园等。通过多种方式，加快文旅融合。

金平县的旅游接待竞争力在15县（市、区）中位列最末，政府应加大旅游交通、餐饮、住宿等接待设施的建设，以全面有效地提升金平县的旅游竞争力。在交通基础设施建设上，首先要打通交通梗阻，提升道路通达性，实施好元蔓高速公路（金平段）、蔓金高速公路建设及县城至金水河高速公路建设，加快推进沿边国防公路、三级路改扩建，全面提高公路等级，促进金平大交通网络形成。其次，要提升口岸国门形象和口岸通关能力，统筹推进金水河智慧口岸、国门口岸特色城镇建设，推动金水河勐拉一体化发展。在旅游接待设施建设上，积极引导群众发展农家乐、乡村客栈、民居旅馆、旅游农庄，推出一批具有地方浓郁特色的“一街一美食”“一店一美食”，深度挖掘地域饮食文化，构建“饭店餐饮、社会餐饮、景区餐饮、特色餐饮”四位一体的餐饮体系，提升住宿、餐饮接待能力。

（七）绿春县

绿春县旅游资源中，民族文化旅游资源占优势，要紧抓国家和地区大力支持文化旅游业发展的政策机遇，主动破解资金、落实一系列难题，按照“强规划、全布局、打基础、建景区、扩市场、融文化、造品牌”的文旅融合发展思路，深入挖掘民族文化资源，打造民族文化旅游品牌。绿春县是世界哈尼族居住最集中的地方，是世界哈尼语标准音所在地，可以算是世界哈尼族文化的发源地。要充分挖掘哈尼族的传统文化、民族服饰、饮食文化、民间民俗等民族文化底蕴，加强哈尼文博中心、腊姑桐株哈尼梯田旅游景区、哈尼文化产业创意园区和文化产业发展示范基地等项目建设，积极探索哈尼长街宴市场化运作模式，将绿春县打造成世界哈尼文化大高地，以哈尼文化旅游为核心开发生态游、边境游，树立“哈尼家园·生态绿春”的旅游品牌形象。

绿春地处边境，基础设施建设滞后，现阶段，以交通为主的基础瓶颈制约依然突出，人流、物流、信息流不畅，加之受经济发展限制，绿春地方财政在旅游开发建设上的投资相对有限，以致旅游配套基础设施不完善。因此，绿春县应在做好旅游规划，确立旅游发展品牌的基础上，按照“政府引导、企业主体、社会参与、市场化运作”的思路，完善旅游基础设施投资运营方案，继续加大招商引资力度，着力引进有投资实力、运营能力的企业参与建设。在交通上，构建对外大通道和内部骨干线体系，强化农村公路与国省道干线、县道公路网的有效衔接，着力打通乡乡连接线，逐步提高县乡公路等级，全面形成较高服务水平和较强保障性的公路网络。在网络通信上，加快启动高速、安全、泛在的新一代信息基础设施，持续完善网络通信基础设施建设，为智慧旅游提供坚实的基础支撑。

第二节 中越边境县域旅游整体竞争力提升策略

一、转变思想，树立全域旅游发展理念

全域旅游是将一定区域作为完整旅游目的地，以旅游业为优势产业，通过统一规划布局、推进产业融合、优化公共服务、加强综合管理、实施系统营销、强化共建共享，实现旅游发展全域化、旅游供给品质化、旅游治理规范化、旅游效益最大化，以旅游业带动和促进经济社会协调发展的一种新的区域协调发展理念和模式。全域旅游是历史发展的必然，也是旅游业发展的客观要求。要提升中越边境县域旅游整体竞争力，首先必须从思想上转变，从过去的从单一县域发展向综合目的地发展转变，变个体开发行为为政府统筹推进，变各县域单打独享为15县(市、区)共建共享，变县域内部封闭旅游自循环为对外开放“旅游+”，变粗放低效运营为精细高效开发，全力打造布局合理、业态完整、特色鲜明、服务优质、功能齐全的中越边境旅游综合体。

二、统筹规划，全面整合中越边境县域旅游资源

中越边境县域旅游资源总量丰富，类型多样，各县域所拥有的旅游资源既有独具特色的，也有类型相似的。由于中越边境各县域在旅游资源开发过程中各自为政，对旅游资源的开发程度不一，开发有失均衡，以致未能充分发挥资源的整体优势，未能形成整体市场竞争力。15县（市、区）政府及旅游部门要协同合作，从整体层面统筹规划，共同编制中越边境县域旅游发展规划，对各县域旅游资源的类型、等级进行统计梳理，找出共性和个性资源。一方面，进行资源跨县域重组，形成新的更具旅游吸引力的旅游产品和旅游线路；另一方面，进行联合开发，实现信息互通，避免低水平重复建设和市场恶性竞争，保障边境县域旅游有序发展。同时，重新认识自身的旅游资源特色，更准确地进行旅游市场定位。就现有资源来看，边境15县（市、区）可初步从自然生态旅游资源、民族文化旅游资源、红色旅游资源、非遗旅游资源等几大方面共同构建旅游资源体系，实施统筹规划开发。

三、塑造品牌，建设中越边关风情旅游带

我国幅员辽阔，陆地边境线长2.2万多公里，与俄罗斯、蒙古、朝鲜、印度、越南、老挝、缅甸等14个国家接壤，由此形成了中俄、中蒙、中朝、中印、中越、中老、中缅等多个边境区域。中越边境要想在边境旅游发展中脱颖而出，必须依赖边境15县（市、区）的合力作用。广西与云南政府可以合作，联合中越边境15县（市、区），建设中越边关风情旅游带，共同塑造“最美边境线”旅游品牌，使中越边境旅游产生规模化、集成化效应，增强中越边境县域旅游发展综合竞争力。

中越边关风情旅游带，可通过串联防城区、东兴市、宁明县、凭祥市、龙州县、大新县、靖西市、那坡县、富宁县、麻栗坡县、马关县、河口县、金平县、绿春县、江城县15县（市、区），挖掘和利用15县（市、区）具有优势的自然环境、民族文化、历史文化、红色文化，依托边关风情、田园风光、文物古迹、历史建筑、民族村寨、传统村落等资源，在中越边境各县（市、区）打造景区。其中，以防城区江山半岛旅游区、东兴市东兴国门景区、宁明县左江花山岩画

景区、凭祥市友谊关景区和大连城景区、龙州县小连城景区、大新县德天跨国瀑布景区和明仕旅游度假区、靖西市通灵-古龙山峡谷群景区、那坡县老虎跳大峡谷景区、富宁县谷拉谷留革命片区、麻栗坡县老山风景名胜区、马关县老君山自然保护区、河口县河口口岸、金平县“中国·红河蝴蝶谷”景区、绿春县哈尼历史文化博物馆、江城县勐烈湖湿地公园为旅游带上的核心景区。以核心景区为引领，辐射峒中口岸、东兴口岸、爱店口岸、友谊关口岸、水口口岸、硕龙口岸、龙邦口岸、平孟口岸、田蓬口岸、天保口岸、都龙口岸、河口口岸、金水河口岸、勐康口岸等边境口岸和周边的边境特色村镇、中国传统村落、少数民族村寨和乡村旅游点。此外，应不断加强旅游带上的要素建设，打造多个高等级旅游度假区、边境特色美食区、精品民宿、山水主题酒店、文化主题酒店、高端度假酒店、边关特色旅游购物场所、休闲娱乐旅游精品项目，并通过提升旅游服务水平，将中越边境15县（市、区）串联成的中越边关风情旅游带建设成为世界一流旅游目的地。

四、谋求合作，助推中越边境旅游发展

旅游合作能够促进中越边境旅游经济发展，从而带动中越边境县域旅游发展。深化中越两国旅游合作是提升中边境县域旅游整体竞争力的有效途径。中越两国及地方政府要在我国“一带一路”倡议及越南“两廊一圈”战略的背景下加强旅游交流，建立旅游合作组织，共同打造跨境旅游专线，共同开发重点景区，相互开展营销宣传，提升中越边境县域旅游的知名度和竞争力。

（一）打造跨境旅游专线

跨境旅游路线具有吸引力强、吸引面广的特点，有利于拓宽旅游市场，为边境地区争取更多的客源。可围绕中越边境旅游资源特色，打造跨境旅游专线，将中越边境的15县（市、区）融入专线中。一是打造滨海旅游专线。中越边境的东兴市、防城区及越南北部区域的海洋资源丰富，滨海景观迷人，具备两国合作开发滨海旅游的优良条件。可以环北部湾经济圈为基础，设计旅游线路，如东兴-越南海防涂山-越南下龙湾。二是打造民族文化旅游专线。中国和越南都属于多民族国家，民族文化丰富，各民族的语言、生

活习惯、民俗文化各不相同，且各自拥有独特的节庆活动，如京族的哈节、瑶族的盘王节、壮族的三月三、傣族的宋干节等，多彩的民族文化为打造中越跨境民族文化精品线路提供了有力支撑。可综合两国特色文化设计跨境民族文化体验专线。三是打造红色旅游专线。中越革命友谊源远流长，可通过设计红色专题旅游线路，如东兴–凭祥–龙州–谅山–高平–河内，串联昆仑关战役旧址、中国红军第八军军部旧址、龙州起义纪念馆、胡志明故居等景点，让游客重温中越友谊，重新感受中越革命精神。四是打造非遗旅游专线。如靖西-龙州-宁明-河内，吸引游客感受靖西绣球、龙州天琴、宁明花山岩画、河内荣圣庙会等非物质文化遗产的魅力。

（二）建立重点旅游景区合作开发机制

中越双方合作开发中越边境上的重点旅游景区，对双方实现旅游合作共赢具有重要意义。目前，中越双方已经在大新德天跨国瀑布景区和凭祥友谊关景区的开发上签订了合作协议，这是边境地区旅游合作发展的重要实践，对促进两国边境区域发展起到了有效助推作用。中越双方应以此为基础，建立重点景区合作开发机制，包括成立合作领导小组、签订旅游发展合作协议、定期互访学习交流、旅游市场联合执法以及信息互通机制等，加快推进中越边境旅游一体化。待开发机制完善，再进一步拓展其他重要景区的合作，通过合作开发做大做强边境旅游市场。

（三）开展联合宣传营销

旅游发展离不开宣传营销，中越两国可集合双方政府、旅游部门、行业协会、旅游企业、社会媒体等各方力量，建立旅游联合营销组织，开展旅游宣传。通过双方合作，建立多语言的跨境旅游网站或新媒体平台，利用文字、图片、视频或直播等方式将中越边境自然景观、民俗风情等对外传播，并在线提供咨询、预订、产品设计等全方位服务。依托两国的民族文化，举办各类节庆活动，除吸引游客参与外，特别邀请两国的旅游中间商及媒体参与，让中间商了解中越边境的特色旅游资源，借助中间商的力量宣传和销售旅游产品。同时，借助媒体的力量在中越两国及其他国家开展广泛宣传，提升中越边境的知名度和美誉度。

第八章 研究结论与展望

一、研究结论

“一带一路”倡议的提出为边境旅游发展提供了良好的契机，边境县域是边境旅游发展的核心区域，对中越边境县域旅游竞争力进行研究，有利于中越边境各县域清楚地认识自身在区域旅游发展中的优势和不足，寻求提升方法。本书以中越边境15个县(市、区)为研究对象，通过构建中越边境县域旅游竞争力评价指标体系，采用因子分析法，计算分析中越边境各县(市、区)旅游竞争力，并按竞争力大小将15县(市、区)进行分类，剖析不同类型县域旅游发展的特点和规律，在此基础上提出提升中越边境县域旅游竞争力的策略。通过研究得出以下结论：

(1)中越边境各县(市、区)在旅游资源竞争力、旅游市场竞争力、旅游发展竞争力、旅游接待竞争力、边境口岸竞争力五方面的综合竞争力得分排名从高到低依次为：东兴市、凭祥市、靖西市、防城区、大新县、龙州县、宁明县、河口县、富宁县、麻栗坡县、马关县、那坡县、江城县、金平县、绿春县。总体来看，中越广西边境县域的旅游竞争力相较于中越云南边境县域的旅游竞争力强。

(2)根据中越边境各县(市、区)综合得分情况，可将中越边境15县(市、区)旅游竞争力划分为三个等级。东兴市、凭祥市、靖西市为一级旅游竞争力县(市、区)，旅游竞争力水平较强；防城区、大新县、龙州县、宁明县、河口县为二级旅游竞争力县(市、区)，旅游竞争力水平一般；富宁县、麻栗坡县、马关县、那坡县、江城县、金平县、绿春县为三级旅游竞争力县(市、区)，旅游竞争力水平较弱。

(3)中越边境各县(市、区)要结合自身竞争力等级情况，采取相应策略，提升竞争力水平。一级竞争力县(市、区)要强化优势塑造品牌,打造国际旅游目的地;二级竞争力县(市、区)要弥补短板,提升旅游发展速度;三级竞争力县(市、区)要加强政府关注,全面创造旅游发展条件。

(4)中越边境15县(市、区)要形成合力,通过转变思想,树立全域旅游发展理念;统筹规划,全面整合中越边境县域旅游资源;塑造品牌,建设中越边关风情旅游带;谋求合作,助推中越边境旅游发展等策略,提升中越边境县域旅游整体竞争力。

二、研究展望

边境县域旅游是边境经济发展的重点内容,本书在前人研究的基础上对中越边境县域旅游竞争力进行评价研究,尽管在研究过程中力求做到最好,在研究结果上也取得了一定成果,但由于受到一些因素的影响,研究仍然存在不足。在研究时间选取上,仅选取了2019年的数据进行分析,缺乏对各县旅游竞争力的动态研究;在评价指标的选取上,尽管对前人的研究成果进行了系统的总结,也全面征求了专家的建议,但由于旅游竞争力涉及的方面较多,基于数据的可得性,最终仅选取了16个指标进行分析,选取的指标难以全面覆盖旅游竞争力及经济发展的全部内涵。

在后续的研究中,应对中越边境县域旅游竞争力进行时间上的动态探索,使研究结果更科学严谨。同时,通过多渠道收集数据,完善中越边境县域旅游竞争力评价指标,构建一套更为科学、全面的评价指标体系,使研究更为深入。

参考文献

[1] Ritchie C. The competitive destination: A sustainability perspective [J].TourismManagement,2000,21(1):1–7.

[2] Ritchie C.Tourism,competitiveness,and societal prosperity[J].Journal of Business Research,1999,44(2):137–152.

[3] Hoekman J, Frenken K, Van Oort F. The geography of collaborative knowledge production in Europe[J].Annals of Regional Science,2008(05):87–95.

[4] Látková P, Vogt C A. Residents' attitudes toward existing and future tourism development in rural communities[J]. Journal of Travel Research,2012(06):142–143.

[5]Sener I N,Lorenzini K M,Aldrete R M.A synthesis on cross–border travel: Focus on El Paso, Texas, retail sales, and pedestrian travel[J]. Research in Transportation Business & Management,2015,16:102–111.

[6]Hassan S.Determinants of market competitiveness in an environmentally sustainable tourism industry[J].Journal of Travel Research,2000,38(2):239–245.

[7]Kozak M.Repeater's behavior at two distinct destination[J].Annals of Tourism Research,2001(3):784–807.

[8] Pejanović R, Demirović D, Glavaš–Trbić D. Clusters as a factor of competitiveness of rural tourism destinations in the Danube region of the Republic of Serbia[J].Tourism Economics,2017,23(02):475–482.

[9]Nunes S,Estevão C,Filipe M N.Determinant factors of competitiveness in the hotel sector:The case of Portugal[J].Competitiveness Review: An International Business Journal,2018,28(02):122–135.

[10]Cibinskiene A,Snieskiene G.Evaluation of city tourism competitiveness [J].Procedia–Social and Behavioral Sciences,2015,213:105–110.

[11]Michael N,Reisinger Y,Hayes J P.The UAE's tourism competitive-

ness: A business perspective[J].Tourism Management Perspectives,2019,30: 53–64.

[12]Attilio G.Statistical analysis of tourism destination competitiveness [J].Statistica,2013,68(2):153–166.

[13]Maria F C,Peter N.The attractiveness and competitiveness of tourist destinations: A study of southern Italian regions[J].Tourism Management, 2008,29(1):1–9.

[14]Mazanec Z.Tourism destination competitiveness: From definition to explanation[J].Journal of Travel Research,2007,46(1):86–104.

[16]Maravić M U,Bednarik J,Lesjak M.Slovenian sport tourism destinations and their competitiveness[J].Annales Kinesiologiae,2015,6(1):59–67.

[17] Albayrak T, Caber M, González–Rodríguez M R, et al. Analysis of destination competitiveness by IPA and IPCA methods: The case of Costa Brava, Spain against Antalya, Turkey [J]. Tourism management perspectives, 2018,28: 53–61.

[18]Chin C H,Lo M C,Songan P,et al.Rural tourism destination competitiveness: A study on Annah Rais Longhouse Homestay,Sarawak[J].Procedia–Social and Behavioral Sciences,2014,144:35–44.

[19]Sudiarta I N,Suardana I W .Tourism destination planning strategy: Analysis and implementation of marketing city tour in Bali[J].Procedia–Social and Behavioral Sciences,2016(227):664–670.

[20]Tomigova K,Mendes J,Pereira L N.The attractiveness of Portugal as a tourist destination:The perpective of Czech tour operators[J].Journal of Travel & Tourist Marketing,2016,33(2):197–210.

[21] Almeida–Santana A, Moreno–Gil S. Understanding tourism loyalty: Horizontal vs.destination loyalty[J].Tourism Management,2018,65:245–255.

[22]Henderson J C.The new dynamics of tourism in South East Asia: Economic development,political change and destination competitiveness[J].

Tourism Recreation Research,2015,40(3):379–390.

[23] Chien M C, Hong T L. The destination competitiveness of Kinmen's tourism industry: the exploring interrelationships between tourist perceptions,service performance,customer satisfaction and sustainable tourism[J]. Journal of Sustainable Tourism,2011,19(2):247–264.

[24] Huang J H,Peng K H.Fuzzy rasch model in TOPSIS: A new approach for generating fuzzy numbers to assess the com–petitiveness of the tourism industries in Asian countries[J]. Tourism Management, 2012, 33(2): 456–465.

[25] Zhu Y,Zhu Q,Zhu Z.Modeling,evaluation and analysis of tourism destination competitiveness: A case study of theYangtze River Delta of China[J].Asia Pacific Journal of Tourism Research,2014,19(8): 932–949.

[26] Goffi G,Cucculelli M,Masiero L.Fostering tourism destination competitiveness in developing countries: The role of sustainability[J].Journal of Cleaner Production,2019,209:101–115.

[27] Rosu E,Voicilas D M.The competitiveness of tourism in Romania after EU accession: Regional analysis[J].Ekonomika poljoprivrede,2019,66(4): 1023–1038.

[28] César Camisón. Competitiveness and sustainability in tourist firms and destinations[J].Sustainability,2020,12(6):2388.

[29] Ebrahim A H,Ganguli S.A comparative analysis of medical tourism competitiveness of India,Thailand and Singapore[J].Tourism,2019,25(17): 49–68.

[30] Claudio A, Constanza B. Tourism destination competitiveness of Chile:A stakeholder perspective[J].Tourism Planning & Development,2017,14(4):53–79.

[31] Guirao B,Campa J L,López–Lambas M E.The assessment of the HSR impacts on Spanish tourism:An approach based on multivariate panel

data analysis[J].Transportation Research Procedia,2016(18):197–204.

[32]Mendieta–Peñalver L F,Perles–Ribes J F ,Ramón–Rodríguez A B, et al. Is hotel efficiency necessary for tourism destination competitiveness? An integrated approach [J].Tourism Economics,2018,24(1):3–26.

[33]Ritchie J R B,Crouch G I.The competitive destination:A sustainability perspective [J].Tourism Management,2000(1):1–7.

[34]Dwyer L,Kim C.Destination competitiveness: Determinants and indicators[J].CurrentIssues in Tourism,2003,6(5):369–414.

[35]Algieri B,Aquino A,Succurro M.International competitive advantages in tourism: An eclectic view[J].Tourism Management Perspectives,2018, 25:41–52.

[36]Bilen M,Yilanci V,Eryüzlü H.Tourism development and economic growth: A panel Granger causality analysis in the frequency domain[J].Current Issues in Tourism,2017,20(1):27–32.

[37]Ritchie J R B,Crouch G I.The competitive destination: A sustainable tourism perspective[M].Wallingford:CABI Publishing,2003.

[38]Blain C,Levy S E,Ritchie R B.Destination branding: Insights and practices from destination management organizations [J]. Journal of Travel Research,2005,43:328–338.

[39]Mendola D,Volo S.Building composite indicators in tourism studies: Measurements and applications intourism destination competitiveness[J]. Tourism Management,2017,59:541–553.

[40]Navickas V,Malakauskaite A.The possibilities for the identification and evaluation of tourism sector competitiveness factors[J].Engineering Economics,2015,1(61):37–44.

[41]Kaleji L K,Hesam M,Kazemi M.An analysis of influential factors on tourism destinations competitiveness[J].Journal of Environmental Management and Tourism,2017,8(2):393–406.

[42]Plessis E D,Saayman M.Aspects contributing to tourism price competitiveness of South Africa[J].Tourism Economics,2018,24(2):146-156.

[43]Hauteserre A M.Lessons in managed destination competitiveness: The case of Foxwoods Casino Resort[J].Tourism Management,2000,21(1):23-32.

[44]Crouch G I.Destination competitiveness: An analysis of determinant attributes[J].Journal of Travel Research,2010,50(1):27-45.

[45]Jackman M,Lorde T,Lowe S,et al.Evaluating tourism competitiveness of small island developing states: A revealed comparative advantage approach[J].Anatolia,2011,22(3):350-360.

[46]Mohd H H,Muhammad I Z.Tourism destination competitiveness and tourism performance: A secondary data approach[J].Competitiveness Review:An International Business Journal,2019,29(5):592-621.

[47]Dwyer L,Forsyth P,Rao P.The price competitiveness of travel and tourism:A comparison of 19 destinations[J].Tourism Management,2000,21:9-22.

[48]张河清,王蕾蕾.大数据与广东县域旅游竞争力评价研究[M].北京:中国经济出版社,2018.

[49]时雨晴.中国陆地边境县(市)旅游竞争力研究[M].北京:社会科学文献出版社,2018.

[50]张河清.广东县域旅游竞争力评价研究——基于旅游经济统计视角[M].北京:中国经济出版社,2015.

[51]李文龙.内蒙古自治区县域旅游区位条件分析及旅游竞争力评价研究[M].北京:经济管理出版社,2017.

[52]葛全胜,钟林生.中国边境旅游发展报告[M].北京:科学出版社,2014.

[53]邹统钎.全景栾川——县域旅游目的地发展经典案例[M].北京:经济管理出版社,2014.

[54]江海旭.中国滨海城市旅游竞争力评价及提升研究[M].北京:旅游

教育出版社,2019.

[55]王琪延,黄羽翼.北京市旅游竞争力研究[M].北京:中国人民大学出版社,2019.

[56]金虎雄,全莹.多元共存与边缘的选择[M].北京:社会科学文献出版社,2014.

[57]胡兆量.边境优势论与边境口岸建设[J].城市问题,1993(3):30-33.

[58]包广静,吴兆录.边缘效应与旅游区可持续发展研究[J].云南财贸学院学报,2006,22(2):44-49.

[59]黄秀娟,黄福才.基于PCR的区域旅游国际竞争力影响因素[J].经济地理,2007(5):847-851.

[60]万绪才,钟静,张钟方,等.国际旅游竞争力影响因素研究[J].南京财经大学学报,2010(2):30-33+84.

[61]郭清霞,秦张平,樊冬平.基于旅游者视角下的鄂西圈旅游竞争力影响因素研究[J].世界地理研究,2012,21(2):136-143.

[62]庄国栋,张辉.旅游城市品牌竞争力影响因素研究[J].江西社会科学,2015,35(08):208-213.

[63]甘俊伟,杨龙,李进军.基于DEMATEL的川藏旅游产业竞争力影响因素研究[J].干旱区资源与环境,2017,31(03):197-202.

[64]陈美璘,黄华芝.山地旅游目的地竞争力影响因素研究[J].兴义民族师范学院学报,2018(6):32-36.

[65]焦爱英,廖萍,王楠楠.基于ISM的乡村旅游综合竞争力影响因素研究[J].资源开发与市场,2019,35(3):434-438.

[66]吴志军,胡亚光.湘赣两省地级市旅游产业综合竞争力评价与聚类分析[J].经济地理,2017,37(5):208-215.

[67]付智,刘慧芝,梁龙武.全域视角下县域旅游竞争力评价体系构建[J].统计与决策,2018,34(22):60-64.

[68]李娜,陈雪琼.旅游经济学视角下的福建省城市旅游竞争力评价研究[J].武夷学院学报,2018,37(09):85-90.

[69]张河清,邓泽平,王蕾蕾.特殊区域旅游竞争力评价研究——基于广东省14个国家全域旅游示范区的实证分析[J].生态经济,2019,35(07):135-140.

[70]范黎丽.基于因子分析法的"一带一路"沿线地区森林旅游竞争力评价[J].林业经济,2019,41(07):57-62.

[71]张震,刘佳.中国省域在线旅游竞争力评价与发展类型识别[J].统计与策,2020,36(22):185-188.

[72]张耀光,刘锴,江海旭.海岛旅游资源评估与竞争力空间结构分析——以中国12个海岛(县)为例[J].海洋经济,2012,2(05):34-42.

[73]戴玲丽.杭州都市圈县域旅游竞争力的空间格局分析[J].国土与自然资源研究,2014,(03):64-68.

[74]陆霞.山西省旅游业空间发展研究——基于旅游竞争力与经济联系的视角[J].首都师范大学学报(自然科学版),2014,35(05):74-78+96.

[75]江海旭,梁娟.丝绸之路中国段主要城市旅游竞争力空间结构研究[J].国土与自然资源研究,2015(1):62-65.

[76]祝晔.城市旅游竞争力空间格局及形成机理研究——以江苏省为例[J].技术经济与管理研究,2016(12):121-126.

[77]鲁小波,陈晓颖,王万山,等.中国东北区域旅游竞争力评价与空间格局[J].贵州商学院学报,2018,31(01):41-47.

[78]逯燕玲,何丹,齐震宇.北京市旅游区域竞争力评价与空间优化研究[J].北京联合大学学报,2017,31(03):3-40.

[79]熊丹,许小君.四川民族地区"旅游兴县"特色县域经济研究——以平武县为例[J].贵州民族研究,2016,37(07):167-171.

[80]陈灿平,姜豪.扶贫视阈下甘孜州县域旅游产业竞争力研究[J].民族学刊,2016,7(05):71-75.

[81]穆学青,郭向阳,明庆忠.多维贫困视角下县域旅游扶贫效率时空演化及影响机理——以云南25个边境县(市)为例[J].经济地理,2020,40(12):199-210.

[82]陈晓艳,徐冬,黄睿等.浙江省县域旅游经济增长的空间溢出效应

[J].地理科学进展,2020,39(09):1512-1521.

[83]范海波,左登华.县域旅游经济贡献的实证分析[J].牡丹江大学学报,2019,28(11):1-6+16.

[84]秦琳.基于旅游系统理论的边境旅游规划——以瑞丽市为例[J].河北旅游职业学院学报,2020,25(02):17-21.

[85]罗纯.基于边缘效应理论的边境旅游发展模式分析——以勐海县为例[J].白色学院学报,2017,30(04):64-70.

[86]金艳春,朴润绪.国外边境旅游研究综述[J].辽东学院学报(社会科学版),2019,21(01):33-40.

[87]杨英宝,钱乐祥,苗长虹.旅游竞争研究的回顾与展望[J].世界地理研究,2002(02):88-95.

[88]冯学钢,沈虹,胡小纯.中国旅游目的地竞争力评价及实证研究[J].华东师范大学学报,2009(5):104.

[89]皮佳倩,杜靖川.国外旅游产业竞争力研究述评[J].旅游学刊,2007(12):80-87.

[90]赵伟,李子蓉,李蕊蕊.福建省县域乡村旅游竞争力评价[J].中国农业资源与区划,2017,38(03):183-190.

[91]赵磊,庄志民.旅游目的地竞争力模型比较研究[J].旅游学刊,2008(10):47-53.

[92]刘中艳,罗琼.省域城市旅游竞争力测度与评价:以湖南省为例[J].经济地理,2015,35(4):186-192.

[93]蒋淇.全域旅游视角下的天府旅游名县竞争力研究——以四川省县域城市为例[J].重庆文旅学院学报,2020,39(06):51-62.

[94]郑群明,祝爱民.张家界山地度假旅游目的地竞争力评价指标及模型研究[J].旅游论坛,2018(01):103-112.

[95]臧德霞.基于因子分析的旅游目的地竞争力评价指标体系研究[J].北京第二外国语学院学报,2009(09):20-27.

[96]何彪,谢灯明.国际旅游消费中心竞争力评价指标体系的构建[J].

南海学刊,2019(05):53-62.

[97]娄阳,李庆雷,高大帅.云南省中越边境旅游发展研究[J].资源开发与场,2017,33(09):1114-1117.

[98]幸岭,徐燕.云南省边境旅游发展问题研究[J].中共云南省委党校学报,2014,16(3):113-116.

[47]孟维娜.中越边境地区跨国旅游开发合作的政策取向探讨[J].广西民族大学学报,2016,38(06):142-144.

[99]闫斐,吴晴晴,周俊华.云南省边境县发展状况的聚类分析与空间分异治理[J].文山学院学报,2021,34(01):9-14+49.

[100]黄爱莲.边境县域旅游兴边富民竞争力评价——以广西边境8县(市、区)为对象[J].社会科学家,2022(07):22-31.

[101]时雨晴.中国陆地边境县域旅游竞争力的类型划分及特征分析[J].城市与环境研究,2019(01):60-75.

[102]王佳莹,张辉."一带一路"沿线国家旅游竞争潜力评价与竞争力研究[J].青海社会科学,2019(06):62-68+77.

[103]时雨晴,钟林生,陈田.中国陆地边境县域旅游竞争力评价[J].资源科学,2014,36(06):1133-1141.

[104]沙欧.兴边富民行动背景下广西边境县域旅游竞争力评价研究[D].南宁:广西大学,2021.

[105]潘冬南."一带一路"背景下中越边境口岸旅游业发展的优化路径[J].中国集体经济,2020(18):25-27+51.

[106]崔琰.关中地区旅游竞争力提升的制约因素及破解路径[J].城市问题,2015(05):41-45.

[107]明庆忠.边境旅游发展观[J].社会科学家,2019(11):11-17.

[108]席建超.新阶段边境旅游从哪些方面深化提升[N].中国旅游报,2014-06-18(011).

[109]付智,刘慧芝,梁龙武.全域视角下县域旅游竞争力评价体系构建[J].统计与决策,2018,34(22):60-64.

[110]黄松,李燕林,戴平娟.智慧旅游城市旅游竞争力评价[J].地理学报,2017,72(02):242-255.

[111]刘骁啸.兰西城市群县(区)旅游竞争力与经济发展水平测度及协调性研究[D].兰州:西北师范大学,2019.

[112]秦立春,傅晓华.基于生态位理论的长株潭城市群竞合协调发展研究[J].经济地理,2013,33(11):58-62.

[113]徐力璇.新疆旅游资源竞争力与旅游业发展的效度研究[J].旅游管理,2020(14):45-47.

[114]郭延会,陈彬.延安红色旅游资源核心竞争力探析[J].延安大学学报,2020,42(5):70-75.

[115]蒋露娟,周忠惠."一带一路"背景下凭祥边境旅游发展优势及策略研究[J].商业经济,2020(01):59-62.

[116]潘冬南."一带一路"背景下边境口岸旅游业发展策略研究——以广西凭祥口岸为例[J].南宁职业技术学院学报,2020,25(02):78-82.

[117]李贵云."一带一路"背景下滇越边境旅游:若干关键问题及对策建议[J].中外企业家,2017(01):44-46.

[118]陈傲梅.县域旅游兴边富民对策研究——以大新县为例[D].南宁:广西民族大学,2022.

[119]安德明.体验国家的边界——以广西中越边境地区的旅游为个案[J].民俗研究,2014(01):38-44.

[120]耿桂红,张丽君.西南边境地区旅游产业发展成效、问题与对策——以云南德宏、广西崇左为例[J].湖北民族学院学报,2017,35(02):96-100.

[121]魏卫,陈雪钧.旅游产业经济贡献综合评析——以湖北省为例[J].经济地理,2006(02):331-334+352.

[122]时雨晴,虞虎.我国边境旅游发展的影响因素、机理及现状特征研究[J].宁波大学学报,2018,31(02):114-120.

[123]李庆雷,杨路佳,蔡慧敏.基于"三边"理论的边境旅游发展路径研究[J].东南亚纵横,2017(04):84-89.

[124]罗妹梅,许克强.旅游与中越边境经济发展关系实证研究——以崇左市为例[J].乐山师范学院学报,2020,35(02):59-68.

[125]戴魁早.旅游业发展与区域经济增长的动态关系:基于桂林市1980—2008年数据的实证检验[J].广西社会科学,2010(8):46-50.

[126]罗文斌,徐飞雄,贺小荣.旅游发展与经济增长、第三产业增长动态关系:基于中国1978—2008数据的实证检验[J].旅游学刊,2012(10):20-26.

[127]羊绍全,韦福安.基于区域内交通可达性的桂越边境县域旅游发展分析[J].经营与管理,2018(07):106-110.

[128]吴建丽,明庆忠.边境口岸旅游发展空间拓展结构特征研究——以云南中越边境口岸旅游区为例[J].文山学院学报,2019,32(03):61-68.

[129]罗妹梅,叶建芳.广西龙州县边境人文旅游资源分析[J].广西民族师范学院学报,2022,39(06):49-56.

[130]叶建芳.广西边境人文旅游资源分析[J].广西民族师范学院学报,2020(01):32-36.

[131]韩璐,明庆忠.滇西边境地区民族文化旅游发展模式研究[J].西南边疆民族研究,2018(04):184-193.

[134]于婷婷,左冰,阿荣,等.中国边境地区旅游发展的空间格局及驱动机制[J].经济地理,2021(02):203-213.

[135]陈永涛.边境与旅游的关系及边境旅游概念分析[J].昆明冶金高等专科学校学报,2013,29(04):61-65.

[136]黄爱莲.空间正义与中越跨境旅游合作[J].旅游学刊,2017(04):5-6.

[137]徐宁,图登克珠."一带一路"背景下西藏边境旅游发展的战略选择[J].西藏大学学报,2016,31(02):147-152.

[138]孔琰.广西边境城市旅游竞争力提升研究[D].南宁:广西民族大学,2022.

[139]徐淑梅,李圆慧,王亚丰.中国东北东部边境地区旅游业发展研究[J].地理科学,2012(03):336-341.

[140]王娟,明庆忠,娄思元.西南沿边省区边境旅游竞合发展研究[J].学

术探索,2018(01):57-62.

[141]郭向阳,明庆忠,穆学青,等.云南省边境地区州市旅游竞争力差异与整合研究[J].世界地理研究,2017,26(05):147-156.

[142]赵珂.黑龙江省边境口岸旅游产业与县域经济协调发展研究[D].哈尔滨:东北林业大学,2021.

[143]陈桂秋.论中国边境旅游发展的战略意义[J].华东经济管理,2024(02):36-38.

[144]纪明,钟敏.中国南部陆地边境地区城镇化要素变动及其对县域经济的影响[J].社会科学,2019(06):63-73.

[145]熊长江,赵向豪,姚娟.边境贫困县特色产业扶贫的经济效应研究——以阿合奇县沙棘产业为例[J].中国农业资源与区划,2019(11):243-249.

[146]游珍.基于人地关系视角的中国边境城市协调发展路径研究[D].北京:中国地质大学,2017.

[147]钟世久.自组织视角下的陆地边境县域经济发展研究[D].长春:吉林大学,2018.

[148]朱怡婷,熊黑钢,白洋,等.边疆旅游地县域旅游经济时空变迁及驱动机制研究——新疆案例[J].干旱区地理,2019,42(02):392-403.

[149]钟学进.西南边境地区旅游精准扶贫效率评价及时空分异——以桂西南重点旅游扶贫区11县(市、区)为例[J].社会科学家,2019(06):76-82.

[150]徐少癸,甘永萍,方世巧.边境地区生态文化旅游扶贫路径探索——以广西龙州县为例[J].云南地理环境研究,2018,30(04):18-24.

[151]李婷婷,穆智.兴边富民政策下云南河口县民族旅游业发展对策研究[J].边疆经济与文化,2021(06):30-33.

[152]黄亚芬,全华.不同评价指标体系下的城市旅游竞争力评价研究——以环北部湾城市群为例[J].中南林业科技大学学报,2019,13(01):96-102.

[153]徐颂,黄耀丽.旅游经济综合实力评价与类型划分——以珠江三角洲为例[J].统计与决策,2005(17):70-71.

[154]张磊.影响辽宁省旅游业竞争力的因素分析[D].哈尔滨:哈尔滨工

业大学,2019.

[155]许华,罗芳.山东省17个城市旅游竞争力评价[J].改革与开放,2016(02):10-11+13.

[156]把多勋,徐金海,杨志国.甘肃省14城市旅游竞争力比较研究[J].干旱区资源与环境,2014,28(07):194-199.

[157]赵书虹,白梦.云南省品牌旅游资源竞争力与旅游流耦合协调特征及其影响因素分析[J].地理科学,2020,40(11):1878-1888.

[158]王芳,赵俊远.城市旅游竞争力定量评价比较研究——以西北五省会城市为例[J].资源与产业,2008(03):44-48.

[159]王国才,李扬.基于SWOT-PEST 模型的云南旅游业发展分析[J].商业经济,2019(10):48-51+71.

[160]陈刚,杨宏浩.价值链理论视阈下的旅游目的地品牌评价指标体系研究[J].中国旅游评论,2020(01):87-94.

[161]郝金连,任启龙.山西省城市旅游竞争力实证研究[J].资源开发与市场,2015,31(04):497-500.

[162]温碧燕,梁明珠.基于因素分析的区域旅游竞争力评价模型研究[J].旅游学刊,2007(02):18-22.

[163]吴小天,李天元.旅游目的地竞争力的内涵辨析及概念模型构建——语言、逻辑和认识论的视角[J].旅游科学,2013,27(03):18-25+71.

[164]王仕倩.旅游目的地品牌竞争力评价指标体系的构建与实证研究[D].桂林:桂林电子科技大学,2021.

[165]李淑娟,王肖,隋玉正.基于生态位理论的山东省城市旅游竞争力评价及空间格局研究[J].地域研究与开发,2017,36(05):104-109.

[166]张涛.旅游目的地竞争力主成分和聚类分析[J].统计与决策,2019(10):107-110.

[167]傅云新,胡兵,王烨.中国 31 省市旅游竞争力时空演变分析[J].经济地理,2012,32(06):144-149.

[168]李博,秦欢,余建辉,等.中国省域旅游资源竞争力评价及其格局演

变[J].经济地理,2019,39(09):232-240.

[169]曹培培.基于熵权——TOPSIS法的城市旅游与城市发展协调性评价研究——以江苏省13市为例[J].现代城市研究,2017(07):124-129.

[170]龙志,曾绍伦.生态文明视角下旅游发展质量评估及高质量发展路径实证研究[J].生态经济,2020(4):122-128+162.

[171]唐睿.一体化政策背景下长三角旅游业竞争力评估与协同发展研究[D].上海:华东师范大学,2019.

[172]李飞.跨境旅游合作区:探索中的边境旅游发展新模式[J].旅游科学,2013,27(05):10-21+41.

[173]罗平雨.东兴市边境旅游与边境贸易耦合发展研究[D].南宁:广西大学,2019.

[174]王鹏飞,夏杰长,胡典成.边疆民族地区旅游业发展模式与对策[J].社会科学家,2021(12):76-82.

[175]桑虹丽.边境旅游竞争力影响因素研究——以广西崇左市为例[J].统计与管理,2021,36(08):56-60.

[176]徐少癸,方世巧,甘永萍,等.广西边境民族地区旅游扶贫效率测度与时空演化分析[J].世界地理研究,2021,30(02):367-377.

[177]李广宏,赵庆玺.凭祥市边境旅游与边境贸易耦合协调研究[J].梧州学院学报,2021,31(02):11-18.

[178]韦国兆.广西崇左市边境旅游开发对策研究[D].昆明:云南大学,2008.

[179]姚贱苟,施洁.边境旅游发展中的政府作用分析——以凭祥市为例[J].贺州学院学报,2019,35(02):117-122.

[180]陈晓艳,焦黎,袁洪渝.新疆叶城县旅游接待设施的规划研究[J].重庆科技学院学报(社会科学版),2010(06):90-92.

[181]吴永生."一带一路"背景下广西边境旅游发展现状、问题及对策[J].企业科技与发展,2019(12):12-13+16.

[182]黄耀东.广西边境旅游发展战略研究[J].东南亚纵横,2014(01):30-34.

[183]李响,郭晓勋."一带一路"背景下黑龙江省中俄边境游发展探析[J].黑河学刊,2019(04):4-6.

[184]刘文颖.边境民族地区旅游业发展研究——以崇左大新县为例[D].武汉:中南民族大学,2020.

[185]刘林舒.黑龙江省中俄边境旅游开发研究[J].经济师,2019(08):127-128.

[186]卢秋欢,杨李.河口口岸旅游经济发展模式研究[J].漯河职业技术学院学报,2021(02):127-128.

[187]杨利元.云南省河口口岸建设与旅游发展互动关系研究[D].昆明:云南财经大学,2019.

[188]许欢科,滕俊磊.乡村振兴战略背景下广西边境地区旅游扶贫研究——以大新县为例[J].广西师范学院学报,2019,40(01):112-116.

[189]李嬴铭.基于期望理论的东兴边境旅游发展研究[J].玉林师范学院学报,2022(02):80-88.

[190]卢雪丽.云南省富宁县民族文化旅游开发中政府职能研究[D].昆明:云南师范大学,2021.

[191]郭显鹏.中国西部12省市旅游竞争力评价及对策研究[J].北方经贸,2021(07):157-160.

[192]国家统计局农村社会经济调查司.2019中国县域统计年鉴(县市卷)[M].北京:中国统计出版社,2020.

[193]中国口岸协会,中国口岸年鉴(2019年版)[M].北京:中国海关出版社,2020.

[194]国家统计局国际统计信息中心,广西壮族自治区统计局,国家统计局广西调查总队.2019中国-东盟统计年鉴[M].北京:中国统计出版社,2019.

[195]中华人民共和国文化和旅游部.中国文化和旅游统计年鉴(2019)[M].北京:国家图书馆出版社,2019.

附 录

附表1 2019年中越边境15县(市、区)3A级及以上景区情况

序号	县(市、区)	3A景区	4A景区	5A景区	3A及以上景区数量(个)
1	防城区	0	白浪滩 江山半岛	0	2
2	东兴市	东兴陈公馆景区 东兴市意景园旅游景区 东兴市百业东兴·红木社区旅游购物景区 东兴市北仑河口景区	防城港东兴市京岛风景名胜区 东兴国门景区	0	6
3	宁明县	宁明县狮子头森林公园	左江花山岩画景区 广西派阳山森林公园	0	3
4	凭祥市	凭祥市兰花谷景区 凭祥市平岗岭地下长城景区 凭祥市浦寨文化旅游不夜城景区 凭祥市世界珍稀林木生态园景区 凭祥市城市规划展览馆	凭祥友谊关景区 凭祥红木文博城景区 凭祥市大连城景区	0	8
5	龙州县	龙州县胡志明展馆 龙州县业秀园景区 龙州(水陇-甫茶)红军路景区 龙州县独山景区 龙州县跑马洞景区	龙州起义纪念园景区 龙州县小连城景区 龙州县左江景区 龙州县发现弄岗景区	0	9
6	大新县	大新县小灵珑景区 大新县黑水河景区 大新县凤凰岭	大新县明仕景区 崇左大新德天·老木棉景区 大新龙宫仙境景区 大新县安平仙河景区 大新县大阳幽谷景区	德天跨国瀑布景区	9
7	靖西市	靖西龙潭湿地公园 靖西市渠洋湖景区 靖西市岜蒙福峒山生态旅游景区	靖西通灵大峡谷景区 古龙山大峡谷景区 百色靖西市鹅泉旅游景区 靖西市旧州景区 靖西锦绣古镇景区 靖西小城故事景区	0	9

续表

序号	县(市、区)	3A景区	4A景区	5A景区	3A及以上景区数量(个)
8	那坡县	那坡县感驮岩景区	0	0	1
9	富宁县	0	0	0	0
10	麻栗坡县	英雄老山圣地景区	0	0	1
11	马关县	马洒东西南北旅游村景区 老董寨兜阳文化旅游村景区	0	0	2
12	河口县	0	0	0	0
13	金平县	0	0	0	0
14	绿春县	0	0	0	0
15	江城县	0	0	0	0

数据来源:根据文化和旅游部网站、各县(市、区)政府门户网站、各县(市、区)2019年国民经济与社会发展统计公报整理所得。

附表2　2019年中越边境15县(市、区)三星级及以上饭店情况

序号	县(市、区)	三星级	四星级	五星级	三星级及以上饭店数量(家)
1	防城区	南城大酒店 国正酒店	0	0	2
2	东兴市	东润大酒店 浙江商业城大酒店 王朝大酒店 冠都饭店 时代假日酒店 东京湾酒店 东武酒店 福珍大酒店	锦华国际饭店 国门大酒店 东海大酒店 东杰国际大酒店 东和大酒店	0	13
3	宁明县	江滨大酒店 大明公馆酒店 景顺国际大酒店 花山民族山寨酒店 花山宾馆 名都大酒店	宁明花山温泉国际酒店	0	7

续表

序号	县(市、区)	三星级	四星级	五星级	三星级及以上饭店数量(家)
4	凭祥市	广越国际大酒店 中越国际大酒店 绿洲假日酒店	园林国际大酒店 祥城国际大酒店 喜相逢大酒店 锦华国际大酒店 维也纳国际酒店	0	8
5	龙州县	龙嘉大酒店 天之鹅大酒店 锦德大酒店 嘉信酒店 新美大酒店	龙鼎大酒店	0	6
6	大新县	新大新大酒店 硕龙假日酒店 明仕酒店	老木棉漫心度假酒店 维也纳国际酒店	0	5
7	靖西市	喜来屋国际酒店 靖西西雅图大酒店 靖西大酒店 环球假日酒店	华西国际大酒店 环球大酒店	0	6
8	那坡县	那坡县睦边大酒店 那坡县那坡饭店	0	0	2
9	富宁县	0	0	0	0
10	麻栗坡县	0	0	0	0
11	马关县	0	0	0	0
12	河口县	0	0	0	0
13	金平县	0	0	0	0
14	绿春县	0	0	0	0
15	江城县	0	0	0	0

数据来源：根据中国旅游饭店业协会网站、文化和旅游部网站、各县(市、区)政府门户网站、各县(市、区)2019年国民经济与社会发展统计公报整理所得。

附表3　中越边境15县(市、区)县域面积及陆地边境线长

序号	县(市、区)	县域面积(平方公里)	陆地边境线长(公里)
1	大新县	2742	40
2	龙州县	2318	184
3	宁明县	3698	212
4	凭祥市	650	160
5	东兴市	590	39
6	防城区	2427	61.8
7	那坡县	2230	207
8	靖西市	3322	153
9	马关县	2676	91
10	麻栗坡县	2334	272
11	富宁县	5352	75
12	绿春县	3096	153
13	江城县	3544	67
14	河口县	1332	193
15	金平县	3677	502

数据来源:各县(市、区)政府门户网站。

附表4　2019 年中越边境15县(市、区)社会经济情况

序号	县(市、区)	地区生产总值(亿元)	居民人均可支配收入(元)	社会消费品零售额(亿元)	住户储蓄存款余额(万元)
1	大新县	98.67	19871	18.18	833343
2	龙州县	87.05	15701	23.5	740009
3	宁明县	91.48	17248	19.91	864216
4	凭祥市	63.73	31095	25.59	761986
5	东兴市	80.73	37159	32.04	1329380
6	防城区	128.52	27773	55.85	2555700
7	那坡县	39.42	13253	10.35	357851
8	靖西市	122.42	16793	36.32	1018462
9	马关县	112.25	18313	46.69	764846

续表

序号	县(市、区)	地区生产总值(亿元)	居民人均可支配收入(元)	社会消费品零售额(亿元)	住户储蓄存款余额(万元)
10	麻栗坡县	77.19	18970	27.47	507881
11	富宁县	116.25	19940	53.19	633991
12	绿春县	48.03	14358	9.68	242641
13	江城县	45.28	19025	9	215603
14	河口县	98.03	27139	9.46	421318
15	金平县	79.80	12659	10.48	470916

数据来源:各县(市、区)2019年国民经济与社会发展统计公报。

附表5　2019年中越边境15县(市、区)国家一类陆路口岸出入境人数

序号	县(市、区)	国家一类陆路口岸	出境人数(万人次)	入境人数(万人次)
1	防城区	峒中口岸	8.70	6.47
2	东兴市	东兴口岸	618.22	611.14
3	宁明县	爱店口岸	9.96	9.95
4	凭祥市	友谊关口岸	272.08	268.64
		凭祥口岸	3.15	3.54
5	龙州县	水口口岸	31.7	31.42
6	大新县	硕龙口岸	4.06	4.08
7	靖西市	龙邦口岸	6.24	6.56
8	防城区	峒中口岸	8.70	6.47
9	富宁县	田蓬口岸	1.56	1.75
10	麻栗坡县	天保口岸	36.26	36.30
11	马关县	都龙口岸	6.81	7.11
12	河口县	河口口岸	325.99	331.78
13	金平县	金水河口岸	26.48	26.52
14	绿春县	(无国家一类陆路口岸)	-	-
15	江城县	勐康口岸	6.44	6.63

数据来源:《中国口岸年鉴》(2019年版)。

图书在版编目（CIP）数据

中越边境县域旅游竞争力评价研究 / 蒋露娟著. --
湘潭 : 湘潭大学出版社, 2024.3
ISBN 978-7-5687-1341-2

Ⅰ. ①中… Ⅱ. ①蒋… Ⅲ. ①边疆地区一旅游业发展一研究一中国、越南 Ⅳ. ①F592.3 ②F593.33

中国国家版本馆 CIP 数据核字（2024）第 003607 号

中越边境县域旅游竞争力评价研究

ZHONGYUE BIANJING XIANYU LÜYOU JINGZHENGLI PINGJIA YANJIU

蒋露娟 著

责任编辑：罗 联
封面设计：李 平
出版发行：湘潭大学出版社
社 址：湖南省湘潭大学工程训练大楼
电 话：0731-58298960 0731-58298966（传真）
邮 编：411105
网 址：http://press.xtu.edu.cn/
印 刷：长沙印通印刷有限公司
经 销：湖南省新华书店
开 本：710 mm×1000 mm 1/16
印 张：9
字 数：172 千字
版 次：2024 年 3 月第 1 版
印 次：2024 年 3 月第 1 次印刷
书 号：ISBN 978-7-5687-1341-2
定 价：58.00 元